発想スポーツ科学への招待
Invitation to Enjoyable Sport Science

楽しい物づくりと研究

金子公宥 著

株式会社 杏林書院

はじめに

　本書のタイトルは森政弘著「発想工学のすすめ」(講談社)をヒントにしたもので,工学に「発想工学」があるのなら,スポーツ科学に「発想スポーツ科学」があってもよかろう,という単純な発想によるものである.ところが嬉しいことに「発想工学のすすめ」の内容が「どうしたら新しい発想が浮かぶか」といった説教じみたものではなく,むしろ「ものづくりの楽しさ」を具体的に述べている.ロボットコンテストの創案者として知られる森先生の研究室には,「何の役にも立たないと思われるような機械がいっぱい置いてある」,といったいかにも楽しげな話が満載されている(森,1978).これこそ著者の望むところで,奇遇にも,著者の最終講義のタイトルが「"ものづくり"の発想と実践」であった.そんなことから本書のタイトルを「発想スポーツ科学への招待」とした次第である.

　定年退官を迎えるに当たって2つのことを考えた.1つ目は「これまでやってきた一筋の道をふり返りたい」ということ.もう1つは,思いつきの発想ながら,やむにやまれず手を染めた研究(遊び)について書くことであった.前者の「一筋の道」に相当するものは,先般「スポーツ・エネルギー学序説」(杏林書院)と題して出版していただいた.

　実をいうと,その一筋の道をたどる過程で,必ずしもエネルギーやパワーにとらわれないさまざまな研究,つまりフッと頭に浮かび,遊び心の衝動にかられて研究したもの(研究とはいえないものも含む)ばかりが話のネタになっている研究である.「一筋の道」が垂直思考によるものなら,本書は「わき道」であり水平思考によるものである.

　再び森政弘「発想工学のすすめ」に話を戻すと,その中にホンダ技研の創業者である本田宗一郎氏の話がでてくる.氏は私財をなげうって全社員に「役に立たないもの」を条件として発明競争をさせた.初年度の一等賞は「折り畳むとトランクに納まるオートバイ」であった.本田氏は「明日にでも売れ

i

はじめに

図1　首を水中に没したり空中に上げたりしながら悠然と浜名湖を進む本田技研のゴンドラゴン(森，1978)

るこんなものを作るとは何事だ」とご機嫌ななめ．翌年は，図1にみられるようなドラゴン（龍）の頭をした巨大なゴンドラが優勝した．ドラゴンの後方に乗った4人の席が，小型のメリーゴーランドのように前に回ってくると龍の顔がゆっくり水中にもぐり，座席が後ろに来ると龍が湖の水面から顔を出して天を仰ぐ．まさに壮大なこの光景をみた本田氏は「これこそ私の求めていたものだ」と喜んだという．「一筋の道」も大切だが，その凝り固まった頭を自在に切り替えることのできる「やわらかい脳」も必要だということを教えられた．

　同書の「あとがき」には，「自由はなかなか得にくいが，その中で発想の自由だけは得やすいはずである．思うだけのこと，考えるだけのことで，金も家も食事もいらない．…（中略）…だから楽しいのである」とある．まさに同感である．「わき道」にそれるということは，あたかも内緒で浮気をするようなもので，そこには義務とか責任とかいった「ねばならぬ」「あってはならぬ」という窮屈さがない．だから楽しいのだろう．「一筋の道」を書くのもそれなりに楽しかったが，「わき道」の話を書くのはそれより遥かに楽しいものであった．自由な発想の面白さが「遊び心」と強く結びついたからに違いない．

　本書の「スポーツ科学」とは，言うまでもなくスポーツ科学のほんの一部

はじめに

に触れたに過ぎないものなので，システマティックな書物を期待する人には向かない．しかし，子どもが面白いものをみると後を追うように，体験的な面白さ（ドラマ）に触れることによって，一人でも多くの人が「スポーツ科学の楽しさ」を感じていただけたら幸いである．

　本書の趣旨を「面白い」と感じて出版を勧めてくれた杏林書院の太田博社長，太田康平氏に心からの謝意を表したい．

　　　2012年7月

金子公宥

目 次

I章　からだの動きを科学する

1. 歩行と老化 …………………………………………………………… 1
   1) アフリカ原住民の歩行 ………………………………………… 1
   2) 自由歩行における「つま先の方向（足向角）」……………… 2
   3) 加齢にともなう足向角の拡大 ………………………………… 3

2. 高齢者の歩行 ………………………………………………………… 6
   1) 高齢者の「転倒」……………………………………………… 6
   2)「つまずきにくい」高齢者の歩行 …………………………… 8
   　余談コラム 1　エネルギーを消費しない（？）二枚貝の筋肉 ……… 11

3. 100 m 疾走の筋電図 ……………………………………………… 12
   1) 筋電図記録を阻むノイズ ……………………………………… 12
   2) 着地信号のためのフットスイッチの考案 …………………… 14
   3) 不思議な筋放電の休止 ………………………………………… 17
   4) 筋放電休止の原因 ……………………………………………… 18

4. 名スプリンター飯島のロケットスタート秘話 …………………… 21
   1) 足を左右に開くスタート ……………………………………… 21
   2) 力学的な不合理性 ……………………………………………… 23
   3) バイオメカニクス的な合理性 ………………………………… 23
   4) 世界のトップランナーの共通性 ……………………………… 24
   　余談コラム 2　酒の飲めない「下戸」は欧米人にはいない？ ……… 26

5. 棒高跳の国際比較 …………………………………………………… 27
   1) わが国唯一のポール試験機 …………………………………… 28
   2) ポールの硬さと助走で「勝負あり」………………………… 29

6. トランポリンにおける過換気 ……………………………………… 32
   1) トランポリンの動作と呼吸のタイミング …………………… 32
   2)「苦しさ」の原因は過換気 …………………………………… 34

| 余談コラム 3 | ストレッチ効果の先駆け「スターリングの法則」………… 36

7. 野球の上原投手を解剖する ……………………………………… 37
   1）投球動作を高速ビデオで分析 ……………………………… 37
   2）上体をあまり捻らない投球フォーム ……………………… 38
   3）左脚を軸とするためのストレス …………………………… 39

8. 野球の「メジャーボール」は飛ばない？ ……………………… 41
   1）学生による問題提起 ………………………………………… 41
   2）反発力の測定 ………………………………………………… 43
   3）やや「飛びが悪い」メジャーボール ……………………… 44
   | 余談コラム 4 | サッカーのナックルボール ………………… 45

9. 野球「金属バット」の特性 ……………………………………… 46
   1）バットの重さと慣性モーメント …………………………… 46
   2）バットを握る「長さ」と振りやすさ ……………………… 49

10. 女子プロゴルファーの動作分析 ………………………………… 51
    1）女子プロが多数の女子プロを分析 ………………………… 51
    2）ヘッドスピードの違いの原因は？ ………………………… 52
    3）ムチ作用とコッキングがプロの証明 ……………………… 54
    | 余談コラム 5 | アルコールはデブのもと？ ………………… 56

11. ゴルフクラブの「スイングウエイト」は怪しい？ …………… 57
    1）クラブのバランス（スイングウエイト）の信頼性 ……… 57
    2）真のバランス（慣性モーメント）の計測 ………………… 58
    3）スイングウエイトの実用性 ………………………………… 59
    | 余談コラム 6 | 解剖学用語になったギリシャの神々 ……… 61

12. 武道達人の「遠山の目付け」 …………………………………… 62
    1）スポーツ科学に初のアイカメラ導入 ……………………… 62
    2）柔道家の注視点 ……………………………………………… 63

13. 柔道練習中の心拍数と酸素摂取量 ………………………………… 66
　　1）心拍数の記録は「汗」との格闘 ………………………………… 66
　　2）自転車チューブのコルセット ………………………………… 67
　　3）エネルギー代謝率とメッツ ………………………………… 68
　　4）インターバルトレーニングの原則と一致 ………………………………… 70
　　余談コラム 7　「アドレナリン」と「エピネフリン」の戦い ………………………………… 72

14. 硬式テニスの打球速度と関節トルク ………………………………… 73
　　1）関節トルクを求める ………………………………… 73
　　2）打球の速さと関節トルク ………………………………… 74

II章　物づくりとテスト法の開発

1. 筋力計を検定する器具の作製 ………………………………… 76
　　1）計器の「狂い」は致命的 ………………………………… 76
　　2）簡易な「筋力計検定器」の考案と復元 ………………………………… 78
　　余談コラム 8　笑えるイタリア語 ………………………………… 81

2. 「万能筋力計」の考案と応用 ………………………………… 82
　　1）万能筋力計の作製 ………………………………… 82
　　2）肘と膝関節の屈・伸筋力 ………………………………… 83
　　3）肘と膝関節の屈筋と伸筋のパワー ………………………………… 85
　　4）筋力のトレーナビリティ ………………………………… 86
　　5）筋パワーのトレーナビリティ ………………………………… 88

3. 「立位脚筋力計」の考案と実際 ………………………………… 90
　　1）筋力計の仕組み ………………………………… 90
　　2）測定の方法と「関節角－筋力関係」 ………………………………… 91

4. 体捻転力計の作製と応用 ………………………………… 94
　　1）体捻転力（トルク）測定器の工夫 ………………………………… 94
　　2）投てき選手の体捻転トルクとパワーの不思議 ………………………………… 96
　　余談コラム 9　難しい学術用語（術語）の統一は困難 ………………………………… 98

5.「足関節屈伸筋力計」の工夫と製作 …………………………… 99
  1) 踝（くるぶし）を回転軸とする工夫 …………………………… 99
  2) 足関節の屈曲・伸展筋力の加齢変化 ………………………… 100
  3) 歩行能力と足関節筋力の関係 ………………………………… 101
  4) 足関節のパワーを測る ………………………………………… 102

6. 動的最大筋力（1RM）と相対負荷（%1RM）の推定法 ……… 103
  1) 動的筋力（1RM）がなぜ重要か ……………………………… 103
  2) 相対負荷（%1RM）の簡単なみつけ方 ……………………… 104
  余談コラム 10　「ルーの法則」がトレーニングの原理 ………… 108

7. 各種運動における小学生の最大反復回数（1RM）…………… 109
  1) 筋力トレーニングへの応用法 ………………………………… 109
  2) 年齢・性と最大反復回数 ……………………………………… 109

8. 子どもの長期トレーニングとその効果 ……………………… 111
  1) 実験研究への慎重論 …………………………………………… 111
  2) 体力向上と予期せぬ副産物 …………………………………… 111
  余談コラム 11　「肩こり」は日本人に特有のものか？ ………… 114

9. 3分間の持久性テスト「SST」のすすめ ……………………… 115
  1) シャトル・スタミナテスト（SST）の誕生 ………………… 115
  2) 文部科学省20mシャトルランとの違い ……………………… 116
  3) 3分間シャトル・スタミナテストの妥当性は十分 …………… 117
  4) 高齢者にはシャトル・スタミナ・ウォークテスト（SSTw）……… 118

おわりに ……………………………………………………………… 120
引用文献 ……………………………………………………………… 122
索　引 ………………………………………………………………… 129

I章 からだの動きを科学する

1. 歩行と老化

1) アフリカ原住民の歩行

ヒトは直立二足歩行をするようになってから，下肢はもっぱら体重を支えて運搬する役目に徹し，上肢は体重支持から開放されて「手は考える脳である（カント）」とまで言われるように機能分化した．ヒトのロコモーションは年齢とともに変化し，スフィンクスの謎かけ問答のように「幼いときは4本足，長じては2本足となり，老いては3本足（杖歩行）」へと変化する．幼児期の這い這いや高齢期の杖歩行は別として，歩行（gait, walking）と走行（running）がヒトのロコモーション（移動運動）を代表すると言えよう．

スポーツ科学では，競歩を除くほとんどの競技が「走る」を基本としているため，歩行に関する研究は比較的少ない．しかし，人口構成が高齢化するにつれ，高齢者に関する関心が高まった．そこで著者らは課題の中心に高齢者の歩行を置く研究を始めた（金子ら，1981）．1980年頃までの日本体育学会では，高齢者を扱った研究がほとんど皆無であった．友人からは「体育はランニングから始まるのではないか」とか「歩行は老人総合センターに任せておけばよい」といった批判を浴びた．しかし今日，日本体育学会の研究発表では，高齢者に関する研究発表が「あたりまえのこと」となり，体育科学の重要な課題として位置づけられるようになった．

高齢者の歩行をエネルギーの側面から調べたものは先行の拙著（金子，2011）で述べたので，本書では動作学的な視点から行った研究の話題を取り上げる．

I章　からだの動きを科学する

図1-1　アフリカ原住民を被験者に「ヒトの本来の自由歩行」を調べた実験風景 (Morton, 1932)

2) 自由歩行における「つま先の方向（足向角）」

　歩くときの歩幅と歩調が歩行を代表する指標であることは当然である．なぜなら，歩行速度が歩幅（step length）と歩調（step frequency）の積だからである．このため歩行研究では，歩行速度，歩幅，歩調が不可欠であり，文献も枚挙に暇がない．そこでやや見方を変え，歩くときの着地足の足先（つま先）の向き（以下，「足向角（foot angle）」）や，歩行方向に垂直な左右の足幅（以下，「歩隔（step width）」）を調べてみようと考えた．

　たかが足向角かと思いきや，素晴らしい文献に出会って興奮した．何とこの足向角が，かつてアメリカでは人類学的な歩行態様の議論となり，足を平行に進めるインディアン歩行を可とする通説に疑問をもったMorton（1932）が，ヒトの歩行の原点を探るべく調査団を率いて中央アフリカに出向いた，というほどの代物であった．図1-1はそのときの報告の一部で，最初は調査の説明が徹底されておらず，一度に多くの原住民が足跡記録紙に載ってしまったというユーモアまでが，写真（省略した）とともに報告されている（図1-1は成功例）．その調査結果が図1-2である．結論的にいえば，足向角（進行方向と片方の足の向きとのずれ（同図B））は，平均7.5°で，両足が平行に進行するインディアン歩行説を否定するものとなり，その後の文献もほぼ同じような結果となっている．

1. 歩行と老化

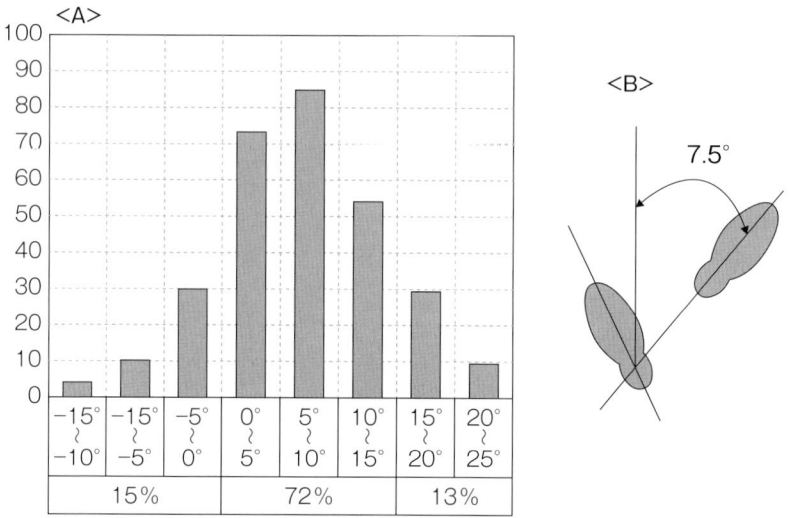

図1-2　アフリカ原住民の自由歩行における足向角（foot angle）のヒストグラム（A）と平均足向角（B）(Morton, 1932)

3）加齢にともなう足向角の拡大

　足向角の測定には特別な機器を要しない．図1-3のように，歩き始めるスタート地点にトレイを置き，その中に墨汁を染み込ませた雑巾を入れて置く．被験者は各自の足に合った靴を選んで履き，トレイの墨汁を踏んでから模造紙上を自然に歩く．おおよそ3歩目以後のステップを計測すれば，安定した値が得られる．下手に3次元分析などと気取れば，誤差が拡大するのがオチである．また，足向角の定義は，Mortonの図（図1-2B）が一般的のようであるが，かといって左右差に興味深い結果は見当たらない．いわゆる内股歩きか外股歩きかを知るには，両足の間の角度で十分なため，われわれは図1-4のように単純化して測ってきた．つまり靴の先端（または第2指）と踵側の先端を結んだときにできる角度である．つま先が開いた外股なら（＋），内股なら（−）である．測定では各自の足サイズに合った軽い安価な靴を多数仕入れて履かせる．こうして344名を計測した足向角の結果が図1-5である．

3

I章　からだの動きを科学する

図1-3　足向角の測定風景（宮辻ら，2007）

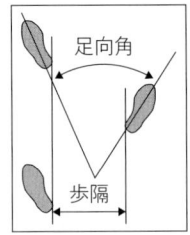

	足向角	歩隔
	高齢者＞若齢者	高齢者＞若齢者
	男性＞女性	男性＞女性

図1-4　足向角と歩幅の計測（宮辻ら，2007）
足向角と足隔には，性・年齢に相違がみられる．

　図1-5の結果で全体に共通するのは，老若男女のいずれの群でも足向角は（＋），つまり「多かれ少なかれ外股歩き」ということである．「性差」に注目すると，若齢群でも高齢群でも「男性のほうが外股の度合いが大きく，女性のほうが小さい」．つまり，男性ははっきりと外股歩きであるが，女性は内股傾向に近い歩き方をする．また，高齢群と若齢群を比べると，男性

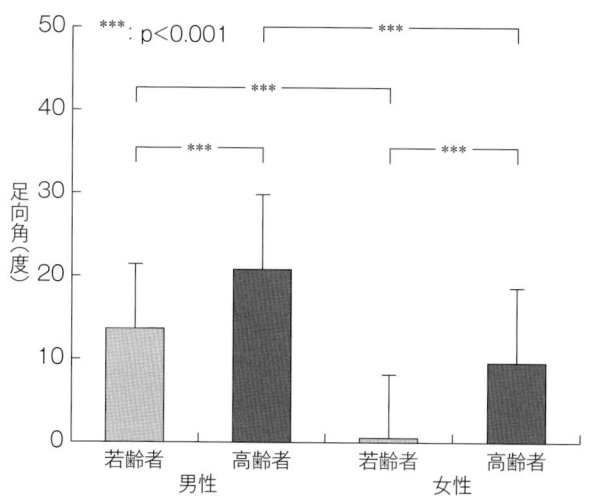

図1-5　足向角における性差と年齢差(宮辻ら，2007)

でも女性でも，若齢群より高齢群のほうが外股歩きの度合いが強い．繰り返しになるが，男女を問わず，高齢者は若齢者より外股歩きである，ということである．歩隔についてはわずかに女性のほうが狭い傾向にあるがほとんど変わらない．また，歩隔に関するデータからは，図1-4のように男女ともに高齢者のほうが若齢者より歩隔が広いという特徴がみられる（宮辻ら，2007）．

これらの結果から浮かび上がるのは，高齢者の「足向角と歩隔の拡大」である．体力が低下して安定性が欠如するにつれて，「つま先を広げ，歩隔を広げた外股歩き」に転じ，より安定した歩行となるのではないかと推定される．高齢者にとっては「たかが足向角（および歩隔）」では済まされない，安定歩行のための要の1つではないかと思われる．

2. 高齢者の歩行

1) 高齢者の「転倒」

研究は一般に，予想と違った結果が出たときのほうが面白い．以下の話もその意外な結果の典型例である．

東京消防庁（2010）によれば，高齢者が事故で搬送されるケースの7割以上が「転倒」であるという．転倒はウッカリしたときに起こるもので，「人為的に転倒させて実験する」などということは思いもよらない．ところが世の中はすごい発想をする人がいるもので，Robinovitchら（2000）は実験場で被験者を転倒させる実験を行った．すなわち，室内で足元のカーペットを不意に引っ張り，後方や前方あるいは側方に転倒させ（図1-6），転倒者がどのような姿勢で転倒し，どこが障害の原因になりやすいかを研究したのである．実験中に障害を起こしてはいないようであるが，起こったらどうするのか他人事ながら心配になる．しかし「発想の奇抜さ」という点では抜群といわざるを得ない．

閑話休題．もっとも一般的な転倒の原因は，高齢者は歩くときにつま先が上がらず，そのために「つまずきやすく転倒しやすい」ということである．われわれはきわめて常識的なこの仮説をもって，まずは高齢者の歩行を動作学的に分析し，若い被験者と比較することによって高齢者の特徴を探ろうと

図1-6　人為的に「転倒」を惹起し，転倒の仕方（方向，打突部位）による障害の可能性を調べる実験(Robinovitchら，2000)

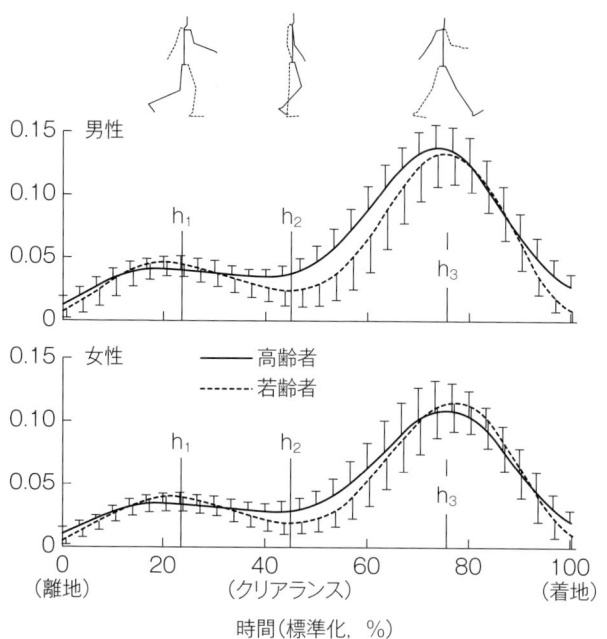

図1-7 歩行のスイング期における側面からみたつま先の軌跡(長谷川ら, 1999)
歩行1歩を標準化. 最初のピークをh_1, 中間の最下点 (clearance height) をh_2, 2つ目のピークをh_3とした.

した．その方法は3次元解析によって歩きかた（歩容）を動作学的に調べるもので，とくに，歩行の側面からみたつま先の高さ（つま先高）と，上からみた足の左右幅（歩隔）と方向（足向角）を計測するものである．

ところが…である．最初から不思議なことに遭遇した．データの分析が5人，10人と進むうちに「高齢者のつま先のほうが若齢者よりむしろ高いのではないか」という結果が出てきた．これは余りにも意外なことなので，分析に誤りがないかを慎重に見極めるとともに，要はもっと例数を増やしてから結論を出そう，と話し合った．動作分析には時間がかかる．また1人，また1人と分析を積み重ねた．高齢者が15名，若齢者が20名に達した段階で「こりゃー本当らしいぞ．統計処理をしてみよう」ということになった．

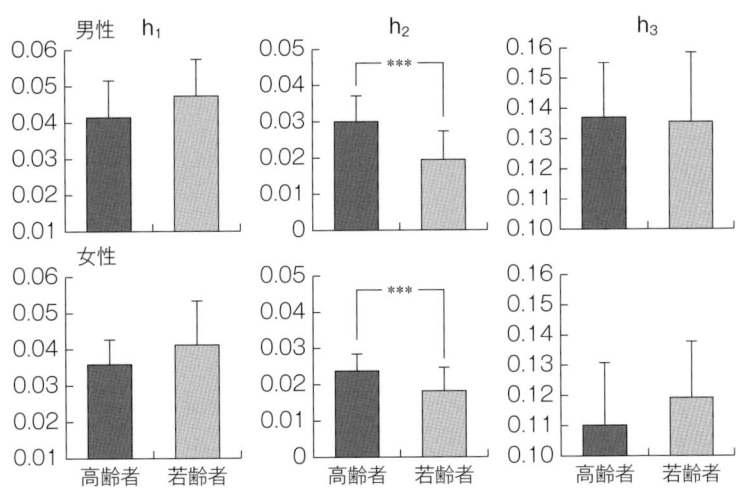

図1-8 h_1, h_2, h_3における性・年齢別のつま先挙上高の比較（長谷川ら，1999）
***: $p<0.001$

2）「つまずきにくい」高齢者の歩行

　歩行中のつま先の軌跡を平均化して高齢者と若齢者を比べ，図1-7の結果が得られた．一歩の歩行経過を標準化し，最初に高くなる山をh_1，次のもっとも低くなる最下点をh_2，2度目の山をh_3として，それぞれの高さにおける年齢間の差を統計的に調べた結果，つまずきやすさにもっとも関係しそうな最下点（h_2：clearance height）で0.1％水準の有意差があり，しかもその差は「クリアランスで高齢者のつま先のほうが若齢者より高い」という結果である（図1-8）．「事実は小説よりも奇なり」とばかり，この結果を国内だけでなく国際会議でも発表した．つまり，高齢者の転倒の多くは「歩行中のつま先高の低さに原因がある」という仮説は，（高齢者のすべてではないにしても）これまでのデータでみる限り「見当違い」であることがハッキリしたからである（淵本ら，1998；長谷川ら，1999）．

　次に，高齢者のつま先を高く保っている動作上の理由を知るため，つま先の高さが明らかに異なる高齢者と若齢者の脚の関節角を調べた．その結果，若齢者に比べて高齢者のほうがつま先の高くなるクリアランス（h_2）の付近

2. 高齢者の歩行

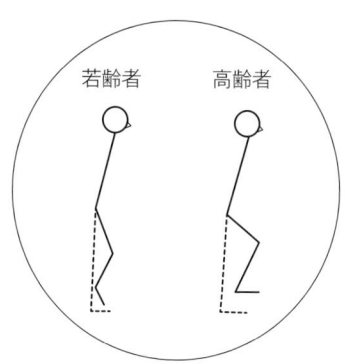

図1-9 つま先の最下点（h_2，最下点通過時）における高齢者の下肢関節の特徴（誇張した模式図）

で膝が高く，足関節の背屈角が小さい（図1-9）．ここでも「高齢者ほど足関節の背屈角が大きいだろう」との予想が当たらなかったことから，うかつに先入観で事柄を判断してはならないことの戒めを感じた．そうはいっても，これらの結果がすべて正しいとは思っていない．高齢者の歩行能力が著しく減退すれば，仮説のように高齢者のつま先高が低くなり，それが原因で転倒することもあり得ると考えられるからである．要は，より多くの高齢者について調査し，体力の推移との関係を明らかにすることである．

その頃たまたまカナダのカルガリーでバイオメカニクスの国際会議があった．発表会場は同じような部屋が並列に3〜4つあり，われわれの研究は一番端の部屋で，しかもその日の最後の発表であった．発表が近づき，著者は座長も兼ねて壇上に上がり驚いた．ふとみると最前列にあのノーベル賞学者のAndrew F. Huxley博士が座っているではないか．われわれの発表テーマは先ほど述べた「高齢者のつま先高」についてであった．著者は発表でしばらくスライドを使わず，研究の動機，仮説などをやや長めに述べた．つまり「転倒の原因として高齢者のつま先が上がらない（つまずいて転倒する）という仮説は当然でしょう」，と聴衆の了解を求める説明から入った．そしてやおら結論をズバリ．「結果はそうした予測とは逆でした」と図を示した．聴衆の意表をつく発表をするのが著者の癖であるが，このときほど意外性を強

9

調する発表は初めてであった．これがこの日のセッションの最後であったので，座長として「最後までの熱心な積極的参加に感謝する」と挨拶して舞台を降りた．そしてHuxley博士がご夫人の助けを借りてゆっくり席を立とうとするのを手伝いながら礼を述べた．そのとき博士は私の顔をみて「面白かったよ」と言われた．またこれが縁で，夜の宴会でも「横の席が空いているから来い」と手招きされ，親しく話すことができた．

余談コラム 1　エネルギーを消費をしない（?）二枚貝の筋肉

　筋肉が収縮するにはエネルギーを消費する．この常識が二枚貝の閉殻筋では必ずしも通用しないらしい．この問題に興味をもって調べていくうちに，「キャッチ筋の構造と機能」と題するすばらしい総説論文に出会った（松野，2010）．内容は海外の文献も含めて微にいり細にわたっている．大まかに紹介すると次のようになる．

　貝ではムラサキ貝がよく使われるらしいが，要するに2枚貝の開閉機構に関するもので，なんでも貝殻の内部には外靭帯と内靭帯と閉殻筋とがあって，両靭帯は開く方向にも閉じる方向にも働く．それらのバランスからいえば，やや開くほうが強いので，力が作用しない状態では半開きになるらしい．これを積極的に力を発揮して閉じさせるのが閉殻筋（平滑筋）の役目だという．動物の筋は，動的収縮であれ静的な収縮であれ，抵抗に抗して筋収縮を維持するには必ずエネルギーを消費する．ところが閉殻筋は，いったん殻を閉じて等尺性収縮状態に入ると，エネルギーを消費したり疲労したりすることがなくなってしまうところから，制動筋（キャッチ筋）とも呼ばれるらしい．

　なぜこのようなことが可能なのか．この原因を求めて筋小胞体や太いフィラメントの構造などが分子生物学的に調べられているらしいが，「エネルギーを消費しない収縮」の謎はまだ解けていないのだそうである．われわれが好んで食べる貝柱に，そんな生物機能の奥深い謎が秘められているのかと思うと楽しい．

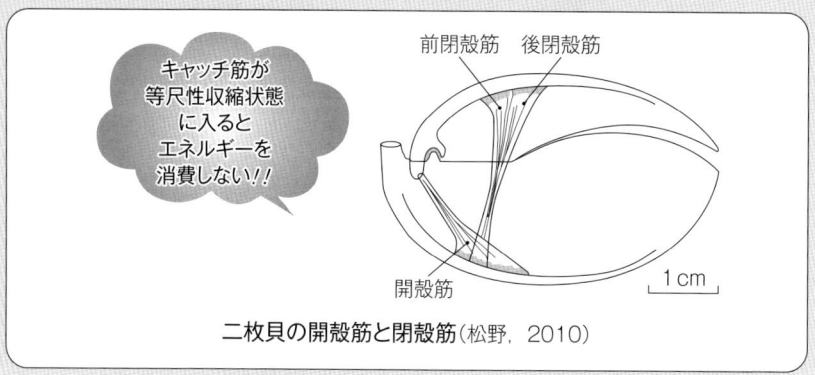

二枚貝の開殻筋と閉殻筋（松野，2010）

3. 100 m 疾走の筋電図

1) 筋電図記録を阻むノイズ

この研究は著者が大阪に来て間もない頃（1971 年頃）に行ったものであるが，いまなお古さを感じないので話題として取り上げることにした．100 m 疾走の研究は A.V. Hill らが初期に古沢らと行い（Furusawa ら，1927），また猪飼研究室でも行われた（猪飼ら，1963）．しかし，疾走中の筋電図に関する資料は皆無であった．そこで大阪体育大学へ同年に就職した豊岡示朗，伊藤章の両氏が陸上競技の専門家であったこともあり，人間の全身運動の限界を知るのに欠かせない疾走を取り上げ，その筋電図を採ろうということになった．ゼミ学生には「世界で初めての仕事だ」と熱く語って協力を得た．Nemessuri（1963）の図（図 1-10）は承知していたが，筋電図などに基づいた模式図か否かはわからない．筋電図記録の腹は決まり，記録から分析に至る構想もできた（図 1-11）．しかし，当時のテレメータはアンテナの指向性に問題があって使いものにならない．やむなく「有線での記録採取」に挑戦することとなった．100 m トラックの中央（外側）に記録器を置いてケーブルを左右に振れば，ケーブルの長さは 70 m で間に合う．さっそく約 36

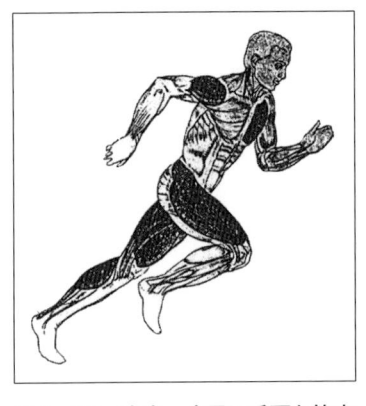

図 1-10　疾走一歩目に重要な筋肉
　　　　　（Nemessuri, 1963）

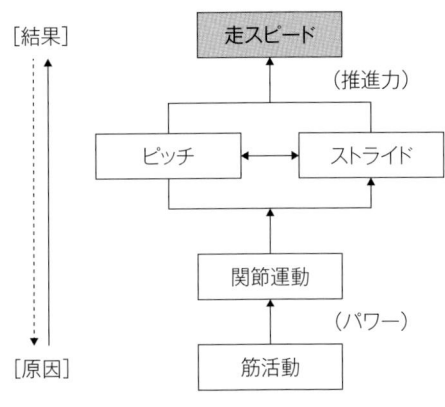

図 1-11　疾走分析の視点（金子，1982）

芯封入のケーブルを購入した．直径1cmほどのケーブルが70m余をぐるぐる巻きにすると1mほどの高さになった．さっそく被験者の7筋群を選んで表面電極を貼り，当時「脳波計」と呼ばれていた多チャンネル記録器につないだ．12チャンネルが限界なので，7チャンネルが筋電図，残りは，足が着地した時のイベントマーク，股関節・膝関節・足関節の角度が瞬時的に記録できるゴニオグラムが3チャンネルの計12チャンネルである．

　いざグラウンドへ，と思った途端にとんでもないことが起こった．ケーブルを持ち上げると，それだけで「筋電図まがいの波形」が出るのである．もちろんノイズである．やむなく一時中断となった．半年ぐらいは別の実験をしながら悶々としていたが，「そうだ，封入されたコード（芯）にはシールドがなされてない」と気付き，なけなしの研究費をはたいて各コードが金網のようなシールドで包まれたケーブルを購入した．ずっしりと重いが，何より筋電図が上手く行くかどうかが勝負である．筋電図の電極などの準備を終え，いざ出かける段になってまたも同じノイズが出る．これには愕然とした．当時の脳波計にはノイズ（交流）を打ち消す逆位相の交流が入っていなかったが，それは本質的な問題ではない．立ち会った三栄測器の技術員もお手上げであった．

　それからしばらく，なぜか「何の反応もないチャンネルがある」ことが気になっていた．当然ながらペアの線がショートしていただけだが，なぜかこの断線が気になり，脳裏にひっかかって何カ月かが過ぎた．「断線してショートするということは，皮膚抵抗がゼロということ．基線の揺れもない．そうだ，これに違いない」とすぐに被験者を招き，軟膏を用意して電極を貼る部分の皮膚を「これでもか」というほどサンドペーパーで削った．被験者には気の毒だが，皮膚抵抗をできる限り小さくするのに夢中であった．思ったとおり筋電図は大成功！　さっそく被験者を原付バイクの荷台に載せ，ケーブルを引きずって走った．ノイズは皆無であった．その夜の酒が格別に旨かったのは言うまでもない．被験者には実験後，電極跡に軟膏を塗り込んだ跡が残った．この後にまだなお難問が待っていようとも知らずに…．

　筋電図記録にようやく成功し，イザという段になってなお思いがけない難

問が待ち受けていようとは思いもよらなかった．それは（簡単かと思われた）着地の瞬間を示すシグナル・スイッチであった．靴に埋め込んだ着地シグナル・スイッチが，スタートすると間もなく，スイッチの両極がくっついてON-OFFとならずにONだけとなる．高速度カメラも同期していたが，カメラでは確かな着地の瞬間を見分けられない．やむなくHill（1938）が1本の鎖を玩具売り場でみつけたのに倣って，著者も「玩具屋巡り」をした．ペコペコと音を出すようなものは片端から試してみた．バネが組みこまれた上等なものもあったがやっぱりダメ．30mも走らないうちにアウトである．筋電図が見事に採れても，着地シグナルの記録がなければ，筋肉がいつ，どこでどう働いたのかわからない．宝のもち腐れになる．国内のマイクロスイッチ会社関係はくまなく調べた．なんとかこれを解決しなければと焦りながら何カ月もの空白が流れた．やがて「自分で造る意外に方法はない」と気付くに至った．

どんなスイッチが丈夫かに思いを巡らすうち，「そうだハンバーグ式だ」と閃いた．つまりハンバーグ方式とはこうである．間に挟まった平板の肉片を絶縁体とし，上下のパンをスイッチの両極（良導体）と考える．平板な肉片の中央に穴を開け，下側のパンの一部を裏から叩いてコブ（ヘソ？）を出す．ただし，ヘソの高さは肉厚を上回ってはならない．これで上下のパンが押しつぶされなければ，上下のパンは絶縁された状態だが，ひとたび圧迫されると，ヘソが上のパン（良導体）に触れてスイッチONとなる．上下のパンの圧迫が解放されれば，広く拡がる肉片（生ゴム）の弾力で必ずヘソ（臍）が片方のパンからはずれ，良導体である上下のパンの間の電気が切れる．これだ！

2）着地信号のためのフットスイッチの考案

さっそく工作に取り掛かり，厚さ4～5mm，外枠35×45mmぐらいのスイッチができた（図1-12）．十分に薄くできたのでスパイクシューズの中敷の下に貼り付けたところ，さほどの違和感もない．OKだ．この方式で着地スイッチをつくり，靴に埋め込んで何度もテストしたが，まったく壊れる気配がない（階段を飛び上がる実験にも応用したが問題なし）．ついに自作

3. 100m 疾走の筋電図

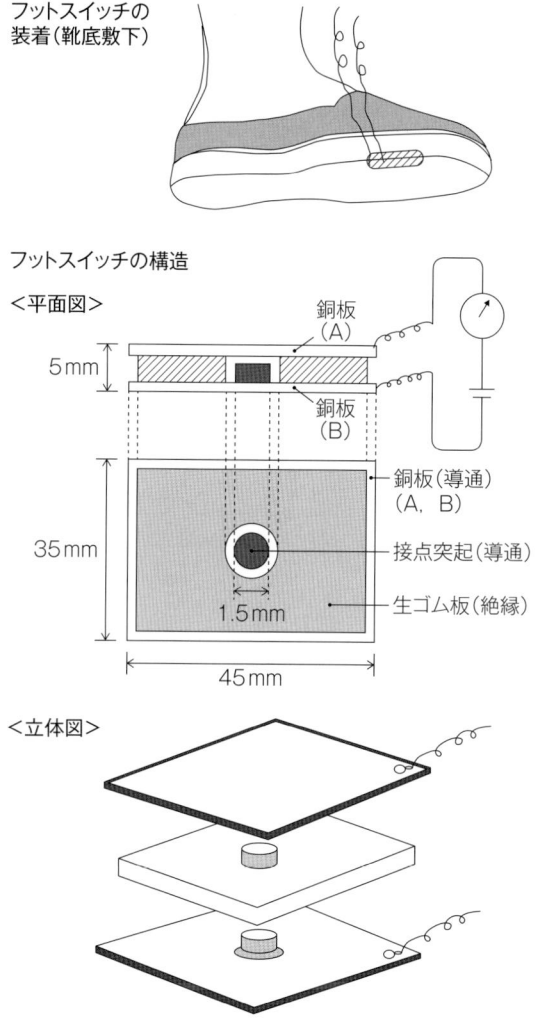

図1-12 創作した壊れないフットスイッチの構造(金子原図)

スイッチの完成である．ハンバーグのヒントが磐石な理由はこうである．クッションとなるのが平板の肉片で，圧倒的な広さをもつのがミソ．絶対に壊れない．余談だが，このアイデアは某会社が気に入り，最近，利用させて欲しいと希望している．もちろんOKである．今から40年も前のことだが，つ

い先日,大学を歩いているとそのスイッチを使って「マルガリアの階段テスト」を行っているではないか.思わず「それは私のアイデアで造ったものだよ」と言いかけて止めた.しかし嬉しかった.

いよいよ筋電図の実験である.計12チャンネルの脳波計は,すべて予約で満杯である.大きく重い機械を静かにグラウンドへ運び,100mトラックのほぼ中央の外側に据えた.7つの筋群からの筋電図はOKである.股関節,膝関節,足関節につけたエレクトロゴニオメータ(電気角度計)も問題なし.着地シグナルとイベントマークもOKである.被験者につけた電極からのケーブルはすべてを1本に束ねて,原付バイクに乗った検者が抱えて伴走した.あらかじめ被験者をバイクに乗せて筋電図にノイズが出ない証拠を採り,さあ本番開始である.記録が成功するたびに歓声が上がった.その後は着地足の場所を確認して,1歩ごとのストライドを調べる.実験研究の醍醐味とは,面倒だが楽しいところにある.記録をみただけでは鍛錬者も非鍛錬者もわからないが,分析の楽しさに胸がふくらんだ.

筋電図をはじめとする12チャンネルの記録は同時にバタバタと進行し,アッという間にゴールになる.これを読み解き,説明するにはどうすればよいのか.これが次の試練であった.たとえば,「膝が屈曲したときに○○筋が顕著にはたらき,そのときには同時にAもBもCも,かくかくしかじか変化する…」,というのが現実だが,一瞬一瞬が変化する様子を描写することは実際上むずかしい.そこで考えたのが先に示した戦略図(図1-11)である.すなわち,最初に鍛錬者と非鍛錬者のスピードを比較する.次にスピードは「ストライド×ピッチ」なのでどちらがスピードの差に関係したかを述べる.次はそのストライドの差を決めたのは関節の動きだから,どこがどう違ったのか,である.関節運動の原因は筋活動すなわち筋電図にあるはずである.こうして企画ができればもう簡単.大工さんが設計図をみながら組み上げるのと同じである.結論は要するに,鍛錬者のほうが後方への足の押し出しが大きく,前方への振り出しも大きい.それでいてピッチもストライド大きいのだから速いのは当たり前である.問題は筋電図である.何度比べてもわからない.当時はまだ積分や周波数分析もなかったので,ひたすら眺め

3. 100m疾走の筋電図

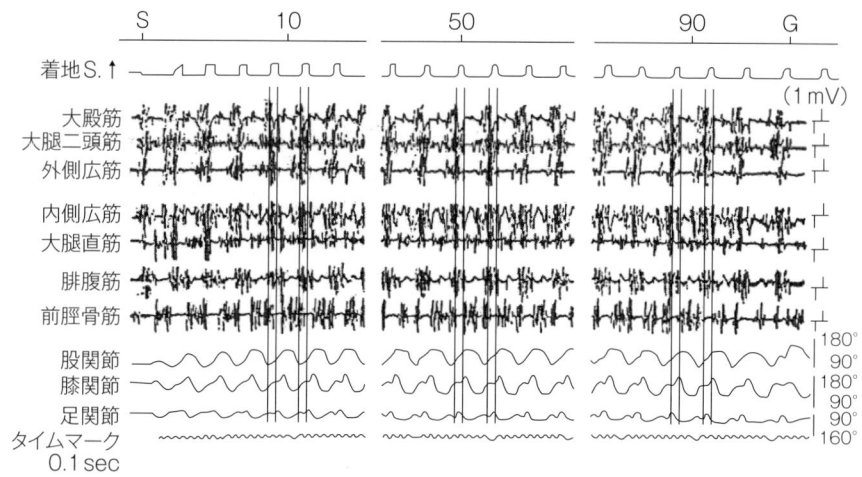

図1-13　100m疾走中の筋電図とゴニオグラム（金子と北村，1975）
最上段：スタート（S）からゴール（G）までの距離（m）
2段目：着地シグナル（着地は上に凸）
3〜9段目：筋電図
10〜12段目：ゴニオグラム
被験者は短距離走者（鍛錬者KM）

て違いを見出そうとした．鍛錬者のほうが，筋活動の放電と消失が顕著である，という程度で十分なことはわからなかった．仕方なく「筋電図からは鍛錬者と非鍛錬者の違いを説明する特別な特徴はわからなかった」と告白した．

3）不思議な筋放電の休止

100mの筋電図（図1-13）結果を「体育の科学」誌に発表した（金子と北村，1975）．その後も（苦労した割に得るものが少なかったこともあり）筋電図の記録を何度も眺めていて，フッと不思議なことに気づいた．大腿四頭筋のうちの大腿直筋の筋電図が着地の瞬間に完全に消えているのである．膝が押しつぶされるのに耐えて頑張るはずの筋が，突然ストライキを起こしたように活動を休止する．これは鍛錬者も非鍛錬者にも共通した現象である．なぜだろう？

たまたま人類学会から講演依頼がきた．シメタ！筋電図のエキスパート

I章 からだの動きを科学する

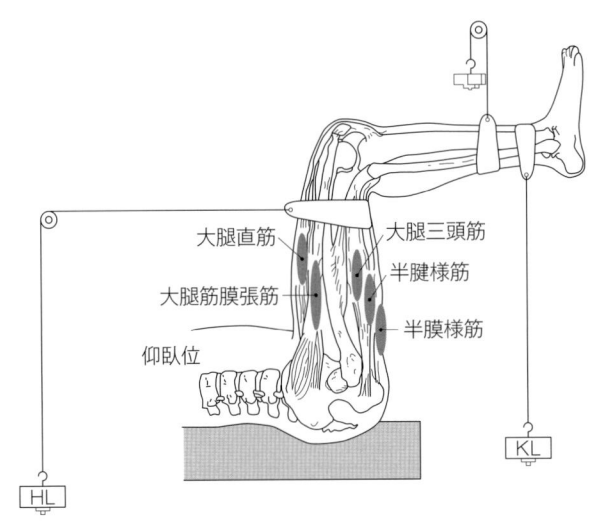

図1-14 股関節伸筋への錘（HL）と膝伸筋への錘（KL）を同時に支えさせると二関節筋である大腿直筋の活動が消える(Tokuharaら, 1981)

の集まりだから，何か教えて貰えるかもしれない．講演のはじめには，「最近の実験でわからないことがあり，教えをこうために講演を引き受けた」と切り出し，終わってから先ほどの「大腿直筋がなぜ消えるのか教えて欲しい」と催促した．すると，大きな講堂に気まずい沈黙が走った．やおら座長の近藤四郎先生（当時，京都大学霊長類研究所長）が口を開き「だれか何か意見はないのか」と発言を促した．やがて出てきた発言は，「どうやったら100 m走の筋電図が採れたのか」といった逆の質問ばかり．結局，話は咬み合わず，疑問はそのまま残った．

4) 筋放電休止の原因

また何年かが過ぎて，ある学会でたまたま著者が司会をしていたときのこと．「これぞ着地の瞬間に大腿直筋の放電が消える理由だ」という発表に出会った．それはワルシャワでのことで，発表者は日本人（Tokuharaら，1981）で，スライドには一人の被験者が仰臥し，股関節を垂直に立て，膝を直角に曲げている．大腿部と下腿部にはそれぞれにベルトが巻かれて荷重が

3. 100m疾走の筋電図

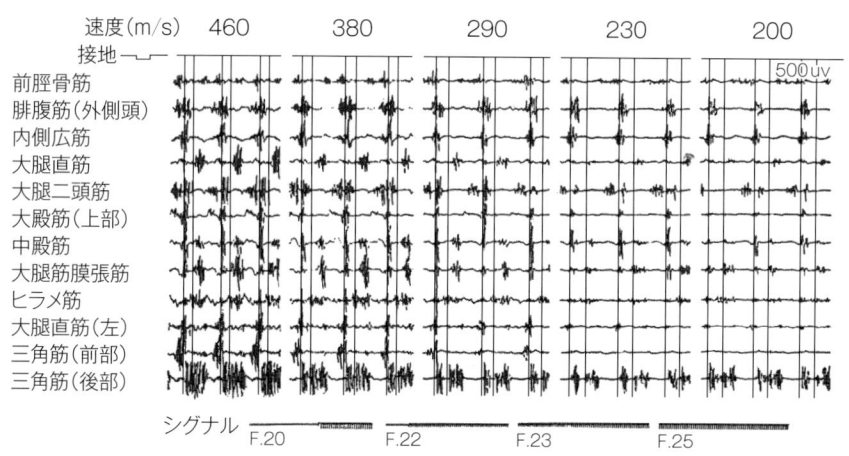

図1-15　種々スピードでフィールドを走るときの筋電図(後藤ら，1976)

吊り下げられていて（図1-14），被験者が股関節を伸展すると同時に膝関節も伸展方向へ筋力を発揮するとき（椅子から立つときの動作）の筋電図を調べる，というものであった．

　荷重を支える等尺性収縮であるから，短縮性より伸張性に近い等尺性収縮である．不思議なことに，この場合も膝を伸ばす大腿四頭筋の中の大腿直筋だけが，まったく活動していないのである．すなわち，大腿四頭筋の中で大腿直筋だけが二関節筋なので，下腿から膝関節と股関節をまたいで骨盤に付着している．したがって，大腿直筋が活動すれば，膝関節が伸展すると同時に股関節も屈曲する方向に働く．

　ところが，股関節は伸展しなければならないように仕組まれている．大腿直筋にしてみれば，一所懸命に活動すれば，膝関節の伸展には貢献するが，股関節の伸展には邪魔をすることになる．そこで大腿直筋は，膝関節の伸展は大腿四頭筋の他の3つの筋にまかせて，股関節の伸展を邪魔しないように「活動休止」したと考えられる．つまり，疾走における着地の瞬間も，膝関節と股関節が同時に伸展方向だがネガティブワークをして体の落下に耐える方向に働く．

　等尺性収縮ではないが，荷重を支える実験状況は疾走の着地に似ており，

疾走中の着地の瞬間における大腿直筋の活動休止は，股関節のネガティブワークを（消極的ながら）支援するための「休止」であったと解される．長い間の謎がようやく解けた思いであった．この方面の好著（山下，2012）が発刊されているので参考にされたい．

　実は，本実験の報告（1975）の翌年に，後藤ら（1976）による走運動の筋電図が「走の筋電図学的研究」と題して報告され，種々スピードのフィールド走とトレッドミル走の比較が筋電図学的になされていたことを知った（図1-15）．彼らの研究によると，走速度の増大にともなって筋放電量は増加するが，放電パターンには本質的な差がない，ということであった．なお最近の奈良（2008）による著書では，先に観察されたような二関節筋の振る舞いがいかに複雑かが詳しく解説されている．

4．名スプリンター飯島のロケットスタート秘話

1）足を左右に開くスタート

　この話は東京オリンピックを前にした1963年に遡る古い話だが，この記事（金子，1990a）の内容が面白かったとみえて，2度もテレビの特集に取り上げられた．

　その話とはこうである．師匠の故・猪飼教授が陸連のトレーニング・ドクターをしていた関係で，スプリンター飯島秀雄選手（早大）の最大酸素負債量を測定するため，練習中の立川にあるグラウンドに出かけた．まだ研究室に入ったばかりの新米だったので，難しい実験準備は兄貴分の先輩たちの仕事だった．著者は飯島選手がゴールに走り込んできたら彼にとびつき，呼気ガス採取用のマスクを口に押し当てることが任務であった．その日の実験成果は貴重なデータとなったが，ここに披露する話は，論文にならない「秘話」である．

図1-16　「暁（あかつき）の超特急」といわれた吉岡隆徳氏（陸上競技マガジン，6月号，1963）ロサンゼルス五輪の100m走で6位入賞．ベスト記録10秒3（当時の日本記録）は，飯島秀雄選手の出現まで破られることはなかった．

図1-17　「ロケットスタート」を実現した飯島秀雄選手．10秒1の日本記録を西ベルリンでの大会で達成（1964年6月）（陸上競技マガジン，5月号，1964）
29年ぶりに吉岡の日本記録を更新した．

I章　からだの動きを科学する

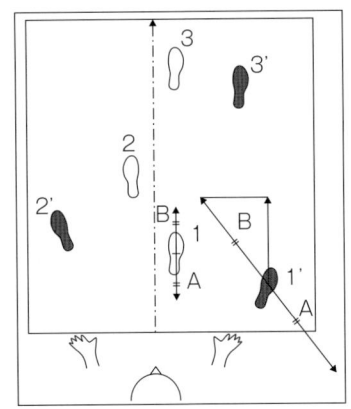

図1-18　吉岡コーチの指導で飯島選手が1962年頃に練習していたスタート時の足跡（黒色）と地面反力の方向（著者の記憶から）(金子, 1990a)

　実験の準備中，著者には準備の作業がないため，暇を持て余していた．そこでグラウンドの向こう側でスタートの練習を続けている飯島選手をみに行った．コーチしているのは「暁（あかつき）の超特急」といわれた吉岡隆徳氏である（図1-16）．著者はそこで飯島選手がきわめて「不思議なフォームの練習」（図1-17）をしているのを目の当たりにした．吉岡コーチがスタートライン付近で，「ここ…，次はここ」と言いながら自分の靴底で地面に何やらマークをつけている．その靴底で記したマークは，通常の蹴り出す位置より大きく外側にずれていた．最初は何のことかわからなかったが，それがスタート時に「飯島選手の蹴る位置を示している」ことがわかり驚いた（図1-18の黒い足跡）．当時の教科書では，足を1, 2, 3（図1-18の白い足跡）のように「真ん前に踏み出して真後ろに蹴る」と教えていた．そのほうが反作用のすべてが前方へ体を加速するのに有効に働く，という意味で合理的である．それなのになぜ，吉岡コーチの教えは1歩目と2歩目が中央から大きく外れて外側にあるのか？　予想どおり飯島選手の体は左右に大きく揺れてスタートした．しかし存分に足を伸ばしたキック力の勢いは凄まじく，あたかも炎天下で発進するロケットをみる想いがした．

2）力学的な不合理性

　コーチの吉岡隆徳氏は，1932年のロサンゼルス五輪で東洋人初の6位入賞を成し遂げた．同氏がスタートから一人飛び出して60mまではトップだったが，最後に他の5名に抜かれたのだという．この話は有名で，それが「暁の超特急」の異名を生んだ所以であろう．吉岡氏の10秒3という日本記録は，飯島選手の出現まで約30年間にわたり破られることはなかった．

　さて話を「スタート」の指導場面に戻そう．吉岡流の「足を側方に出して蹴る」スタートでは，キック力の側方成分が大きくなり，前方への有効成分が相対的に少なくなる可能性がある（図1-18，1歩目）．つまり力学的には「効率の悪いキック」と言わざるを得ない．飯島選手のほか依田郁子選手も育てた名伯楽がなぜにそのような指導をするのか？

　この疑問は，飯島選手の脚パワーを慣性エルゴメータ（金子，1974a）で測ったときに吹っ切れた．側方にキックするスタートと慣性車輪に対する爆発的なパワーとがダブってみえたからである．そこで自分なりに吉岡コーチの発想を推理してみた．1歩目や2歩目で前方へ足を出す常識的なスタートでは，腰を浮かせないために膝が大きく屈曲し，大きな力を発揮することができない．脚で強く蹴る力を十分に引き出すには，膝がもっと伸びた姿勢のほうが有利である．スタート時に腰を浮かさずに思い切り脚パワーを発揮するには，外側へ脚を伸ばしたスタートにならざるを得ない．力学的には効率の悪いキックでも，筋パワーが大きく発揮できれば，元が取れる．要は，力学的効率がいかに悪かろうと，速ければよいのである．吉岡コーチはそう考えたに違いない，と勝手に推察した．

3）バイオメカニクス的な合理性

　やがて著者は，吉岡理論がバイオメカニクス（生体力学）の見本だと考えるようになった．つまり，バイオ（生体）とメカニクス（力学）の合体した応用学がバイオメカニクスであり，その典型例が吉岡理論だと思えたからである．力学は厳然たる大自然の法則であるが，身体にも「法則」と言ってもよいような身体の都合がある．事実，脚伸筋力が最大に発揮されるのは，膝

が120度くらいに伸びた姿勢のときである（末井と金子，1977；次章図2-13）．クラウチング・スタートで子どもによくみられるのは，ヨーイ・ドンから最初の1・2歩で立ち上がってしまう走り方である．これは本能的にそうすると気持ちがよいからであるが，しかしそれでは地面反力が余りにも上向きになって，あたかも立位で地面を後方へひっかくようなキック動作になり，たとえ膝が伸びたスタートをしても十分な推進力を得ることができない．

吉岡理論はまさに「腰を低くしたまま，脚を伸ばして地面を蹴る」のスタート動作を生むための苦肉の策であったのである．果たせるかな，飯島秀雄選手のスタートは「飯島のロケット・スタート」と呼ばれるように変身し，記録も着実に伸びて，1964年4月（東京オリンピックの年で大会前）では吉岡隆徳コーチのもつ10秒3に並ぶ記録を出し（日本タイ記録），さらに同年6月の西ベルリン国際大会で10秒1の日本記録を更新した．その年の東京オリンピックでは第1次予選をトップの記録で通過したが，第2次予選ではゴール直前で転倒し敗退した．

飯島選手の体型は，（詳しいことは忘れたが）身長が175 cm，体重75 kgくらいで，細身のスプリンターが多い中では投てき選手のようにガッシリした体型をしていた．他のスプリンターはいずれも痩せ型であった．われわれは今でこそ筋骨隆々のスプリンターに驚かないが，ボブ・ヘイズやベン・ジョンソンを知る以前としては，ユニークな逞しい太い筋肉が今も記憶に新しい．著者の担当する慣性エルゴメータを使ったパワーテストでは，抜群の脚伸展パワーを発揮した（金子，1974a）．しかし，その重戦車型の体型からか，以前は「スロースターター」といわれていた．それが「ロケットスタート」に変わったのである．

4）世界のトップランナーの共通性

吉岡隆徳コーチが飯島選手に指導した上記のスタート法は，大型の立派な体格をもつ飯島選手の特性に合わせて考え出されたものだろうか？　もしも，「暁の超特急」が同じスタート法から行っていたとしたら，飯島選手よりやや小柄な吉岡コーチ型の選手にも応用可能ということになる．この疑問

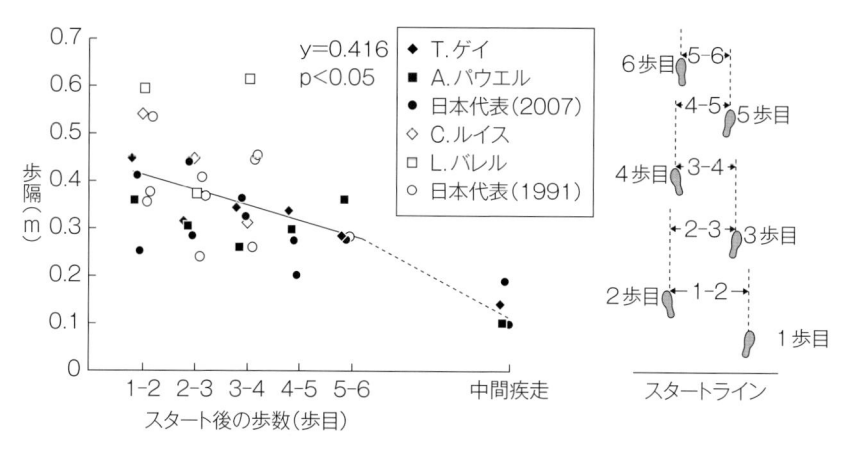

4. 名スプリンター飯島のロケットスタート秘話

図1-19　100m疾走のスタート時と中間疾走における左右足幅(歩隔) (貴嶋ら, 2008)

がずっと後まで残り，一度飯島選手に会って聞こうと思っていた．冒頭にも述べたように，幸いこの話が再びテレビの特集に取り上げられた．一度目の特集では飯島選手が「自分が考えた」と述べたように聞こえたが，しばらくして放映された第2回目の特集には吉岡選手と同じ時代にともに練習をした織田幹雄氏らが登場し，「吉岡隆徳氏は，足を側方に出して蹴るスタートを繰り返し練習していた」と証言していた．

　スポーツ科学の発展は目覚しいが，「研究の結果として新たな技術が生まれた」という話はあまり聞かない．新しい技術の多くは，古来，コーチや選手の体験によって生みだされ，科学はその合理性を分析し，合理的であれば「定石」として広く一般に応用されるのではないか，と思う．

　話は一気に現代に飛ぶ．著者の書いた「秘話」がヒントになったようで，大阪体育大学の伊藤章研究室（バイオメカニクス）でも，世界のスプリンターにみられる左右の足幅（歩隔）を測定項目に加えて調査している（貴嶋ら，2008）．図1-19がその結果で，日本を代表するスプリンターのほか，T.ゲイ，A.パウエル，C.ルイスら，世界的スプリンターのデータがみえる．全体の平均では，両足（つま先）の左右幅（歩隔）が約40 cmほどでスタートし，徐々に狭くなって中間疾走では10〜20 cmとなる．これは吉岡コーチの発想から80年後の「古き皮袋に新しい酒を注ぐ」研究によって判ったことである．

余談コラム 2　酒の飲めない「下戸」は欧米人にはいない？

　国際会議にはパーティーがつきものだが，そこで大声を出して酔っ払っているのはたいてい日本人である．その原因は，欧米人と日本人ではアルコールに対する耐性が違うからである．

　アルコールは小腸から吸収され，門脈を通って肝臓に入り，そこで解毒される．「解毒される」というのは，肝臓の中でアルコールがアセトアルデヒドになり，その後，酢酸になって無毒化される．問題は中間代謝産物のアルデヒドで，これが大変強い毒性をもっている．これが血液に乗って脳に行くと，いわゆる悪酔いの酔っ払い症状を起こす．

　肝臓でアルコールをアセトアルデヒドに分解するのはアルコール脱水素酵素だが，アルコールが無毒の段階にまで分解されるには「アセトアルデヒド脱水素酵素（ALDH）」が必要である．もうおわかりかと思うが，このALDHをもたない欧米人（白人や黒人）はゼロ．だから彼らは酒に強いのである．これに対して日本人（東洋人）の中には奈良漬でも酔っ払うような，まったくの「下戸」が1％弱はおり，早々と酔っ払う人が約40～50％もいる．外国人と対等に飲める日本人は約半数しかいないので，外国人と酒席をともにするときは要注意である．また同じ日本人でも，東北や南九州，沖縄地方には酒に強い人，つまりALDHをもつ人が多い（佐藤，2005）と言われる．

　酒はパーティーを和やかにするのに不可欠の妙薬であると同時に，飲めない人にとっては毒薬ともなる．なんとか酒に強くなりたいと努力する人もいるが，多少の馴れはあっても余り効果は期待できないらしい．「一気飲み」などによるアルコールハラスメントでは，急性アルコール中毒で死亡事件に至ることさえある．要は，われわれ日本人には酒に対して独特の体質をもつのだということを知っておくことが大切である．

5．棒高跳の国際比較

バネ作用を発揮する筋腱複合体を考えている中で，フッと「ポールの弾性エネルギーを利用して跳躍する棒高跳」を連想した．そこで関西インターカレッジ上位6名の選手の試技を高速度カメラに収めるとともに，うち2名の筋電図も記録した（淵本ら，1990）．図1-20はそのときの一例である．キック直後にみられる右腕の上腕二頭筋と左腕の上腕三頭筋の活動は，右腸骨筋の働きとあいまって腰を屈しながらポールに体を引き付けるためであろう．また右上腕二頭筋の2度目の活動は，さらに体を上方に押し上げるための活動と思われる．こうした動作分析をしている頃，以下に述べるようなドラマに出会った．

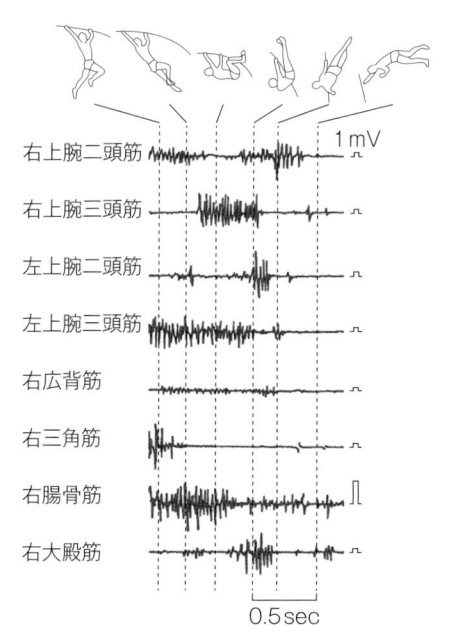

図1-20　棒高跳の筋電図(淵本ら，1990)
棒高跳選手（上級者）のグラスファイバーポールによる跳躍時の筋電図（力学的エネルギーの計測とともに実施）．

1）わが国唯一のポール試験機

　わが国に一台しかないという「棒高跳ポール試験機」が，東大阪のとある会社にあるらしいという噂を耳にした．1988年頃のことである．会社はグラスファイバー工研社といった．電話に出た社長の説明によると，以前，棒高跳のポール試験機を考案したが売れないので，その商売はあきらめ，今はポール試験機が倉庫に眠っている，とのことであった．「本邦唯一」に魅かれて無性に欲しくなり，少々高価であったが研究費を工面して購入した．東京で国際スーパー陸上競技大会が開かれると聞いたのはそれから間もなくのことで，棒高跳の優秀な外国人選手も招待されているという．「よーし，ポール試験機を使おう」ということになり，国立競技場内の一室を借りて棒高跳の研究をしたい旨を陸連に願い出た．幸い，関岡康雄先生のお骨折りでOKが出た．「さあ，やるぞ」の意気込みで，同僚の伊藤章と淵本隆文の両氏が小型トラックにポール試験機を積み込み，東京へ走った．著者は外国人を含む被験者たちへの協力依頼状をもって挨拶かたがた一足先に上京した．

　図1-21はそのときの実験風景で，淵本氏が国立競技場のダッグアウトにポール試験機を備え，ポールを曲げてその反発力を測っているところである．その脇で補助員が選手の形態計測を行った．このとき伊藤氏は観覧席に16mm高速度カメラを設置し，全選手の試技を撮影していた．幸い，棒高跳競技は，その日の自己最高試技が終わった時点で，選手が一人また一人と退場する．その退場者が出るごとに改めてポール試験への協力を依頼し，実験室に案内するのが著者の役目であった．被験者は3名が外国人選手，残る8名が日本人選手で，日本人選手はもちろん，ロシア人選手もアメリカ人選手も快く応じてくれた．どの選手も一度に3～4本のポールを持って競技に臨んでいたので，「どのポールのどの部分（握り高さ）を握ったのか」を質問する必要があった．

　ポール試験機は大型の平均台のような形をして（普段は中央から2つに折り畳むことができる），細長い台の両端にポールを挟み込む箱型のホルダーがあり，このホルダーにポールの両端をセットしてコンプレッサーから圧搾空気を送ると，その圧力で片方のホルダーが中央部に向かって徐々に滑るよ

5. 棒高跳の国際比較

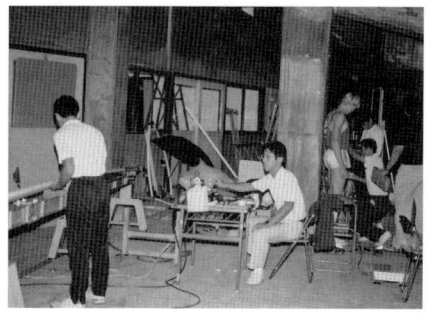

図1-21　棒高跳のポール反発力を調べる淵本氏（左）と身体計測（右）の風景
（淵本ら，1990）

うに移動し，ポールを曲げる（図1-21参照）．このときホルダーはもちろん，ポールが曲がる方向に回転する．こうして空気の圧力からポールの反発力がわかる仕組みである．ポールを曲げる度合いは10 cm刻みで100 cmまでとした．外国人選手の1人がポールが曲がるのをみて「オーノー」と叫びながら，両手を突き出して淵本氏の操作を制する場面が記憶に新しい．

2）ポールの硬さと助走で「勝負あり」

時間が必要なフィルム分析をする前に，淵本氏が先頭に立ってまずはポールの反発力，跳んだ高さ（重心上昇高），助走速度の図を描いてみた．図1-22が，ポールの湾曲量（ポールの両端が短くなった距離）に対するポール反発力（硬さ）の関係で，実線が外国人選手，点線が日本人選手である．外国人選手のポールはいずれも，曲げ始めるときの値から大きく（左端），その後も曲がるにつれて大きな反発力を示した．もっとも硬く，曲げるのに大きな力が必要なポールは，優勝者のガタウリン（A）の使ったポールである．ガタウリンが跳んだこのときの跳躍高（6.00 m）は，その年度の世界最高記録であった．ポールの湾曲度は，反発力とほぼ平行するので「ポールの硬さ」といってもよい．つまり，日本人選手のポールの固さは1名（外国人C選手と同レベル）を除いて全員が「柔らかい」ポールを使っていた．

ポールを握る高さをみると，（数値は省略するが）外国人選手3名が日本

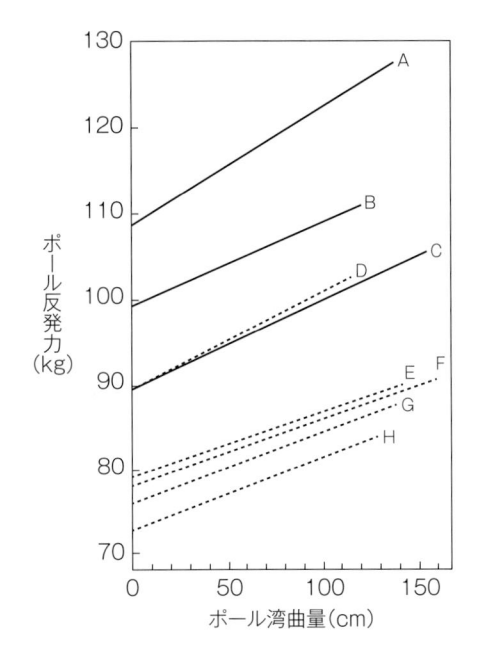

図1-22　棒高跳のポールの反発力(淵本ら，1990)
　　　　A～Cは外国人選手(成績：5.7～6.0m)
　　　　D～Hは日本人選手(成績：5.0～5.5m)

人選手全員より明らかに高いところを握っていた．日本人選手の成績の最高位と最低位の差（29 cm）は，何とポールを握る高さの差（29 cm）と奇しくも一致した．つまり，日本人選手は外国人選手より柔らかいポールの低い位置を握って跳んでいることが明らかであった．

　日本人選手の「あら探し」のようになってしまったが，もうひとつ「日本人選手は助走速度も遅い」ということがわかった．すなわち，助走終末の速度は

　外国人選手：9.31～9.55 m／s
　日本人選手：8.80～8.96 m／s

であって，外国人選手と日本人選手との間には歴然とした差がある．仮にこの助走速度（V）による運動エネルギーのすべてがポールの弾性エネルギーを介して跳躍するときの上方への位置エネルギーに変換されたとする．すな

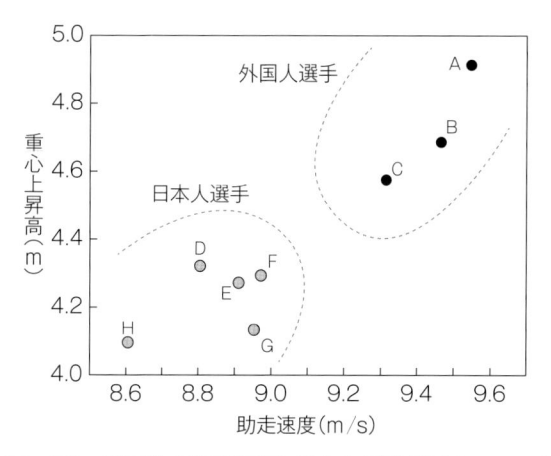

図1-23　棒高跳の助走速度と重心上昇高(淵本ら，1990)

わち理論上の上昇距離を計算してみる．

$$MgH = 1/2MV^2 \quad\cdots\cdots\cdots\cdots\cdots\cdots\cdots\cdots\cdots\cdots\cdots\cdots\cdots\cdots\cdots\cdots\cdots\cdots\cdots\cdots(1)$$

ここでMは身体質量，gは重力の加速度，Vは助走速度，Hは身体重心の上昇高である．

このエネルギー変換から求められる身体重心の上昇高は，実際に計測された上昇高との間で高い相関（$r=0.939$，$p<0.001$）がある．この助走速度は大変重要で，重心上昇高と密接に関係している（図1-23）．これでは勝負にならない！

つまり外国人選手は，日本人選手より「硬い（反発力の強い）ポール」の高い位置を握り，より速い助走速度から跳躍する．これでは日本人選手が敵うはずがない．優勝したガタウリンのポールは，日本人選手の誰もが「はなから曲げられない固さ」である．また当然ながら，形態計測ではガタウリンが図抜けて太い腕をしていた．日本陸上競技連盟へは「素質ある選手の発掘が必要」と報告せざるを得なかった．

6. トランポリンにおける過換気

1) トランポリンの動作と呼吸のタイミング

　トランポリン（運動）は，子どもたちの好きな楽しい運動の1つである．タイミングよく跳べば，トランポリンを使わずに跳ぶ垂直跳より遥かに高く跳べる．空中に舞い上がったときの子どもたちは，「跳ぶ」よりむしろ「飛ぶ」感じを味わうのではないだろうか．その点が楽しさ・面白さの原因かと思われる．しかしながら，トランポリンを経験した人なら誰もが知るように，ほんの1〜2分跳躍しただけで，あたかも100mを走ったかのような息苦しさを覚える．子どもたちの様子をみていても，トランポリンを降りるやいなやトランポリンの端にしがみついて胸に手を当て，ハアハアとあえぐように呼吸している．跳ぶのは楽しいが，その後が息苦しいのである．ヒョッとすると，無理な運動にならないような注意点を探ることが必要かもしれない．

　こんな動機からトランポリン運動における「息苦しさの原因」を調べてみることにした．まず文献を当たったが論文らしきものが見当たらない．あっても学会抄録が少しある程度で真相がつかめない．そこでトランポリン部員5名を含む15名の被験者として，動作学的・生理学的な研究をすることとなった．

　まずはトランポリンのバネに自作のストレインゲージ張力計を仕掛けてジャンプのタイミングを記録し，もっとも興味深い「呼吸」については，酸素摂取量の測定に使うマスク内にサミスタ（温度差で抵抗が変わる）をつけて呼吸曲線を描かせる．動作を調べるため，可変抵抗に「てこ腕」をつけた簡単なゴニオメータを作って股関節，膝関節，足関節につけ，関節角変化（ゴニオグラム）を記録する．いずれも手作りのものばかりである．筋活動も知りたいので，下肢5筋群に電極をつけて筋電図をとった．被験者にはトランポリン運動のほかに，垂直跳とトレッドミル走も行わせて，ト

6. トランポリンにおける過換気

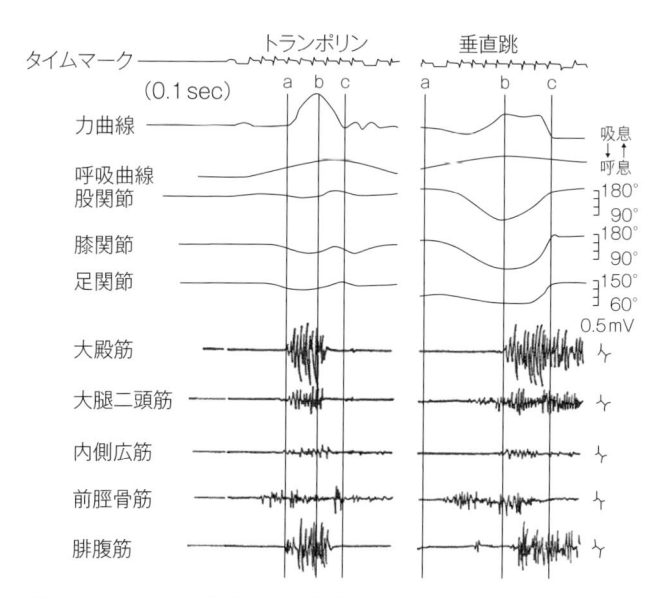

図1-24 トランポリンと垂直跳におけるキック力，呼吸曲線，ゴニオグラムおよび筋電図(金子と豊岡, 1978)

ランポリンの対照運動とした．トランポリンと垂直跳運動は，単純な全力垂直跳を20秒反復した後40秒の休息をとる，という方法で計1分間行い，トレッドミル走（250 m/分）は継続して5分間行うものとした（金子と豊岡, 1978）．

図1-24は動作学的な分析用の記録例で，上からトランポリンのバネの張力曲線，サミスタによる呼吸曲線，股関節・膝関節・足関節の角度変化（ゴニオグラム），そして下肢5筋群の筋電図である．まず呼吸の仕方は，トランポリンの場合（垂直跳も同様），「着地中に吸息，空中で呼息」のパターンが全員の被験者に共通した特徴であった．つまり，跳躍の筋活動による疲労感より，呼吸のタイミングを跳躍のリズムに合わせなければならず，それだけしか呼吸ができないということが，トランポリンにおける「苦しさ」の一因と考えられた．また動作では，垂直跳が大きく下肢を屈伸するのに対し，トランポリンでは着地中にごくわずかな屈伸しかみられなかった．このトランポリンにおける跳躍動作は，落下によってバネに蓄えられる弾性エネ

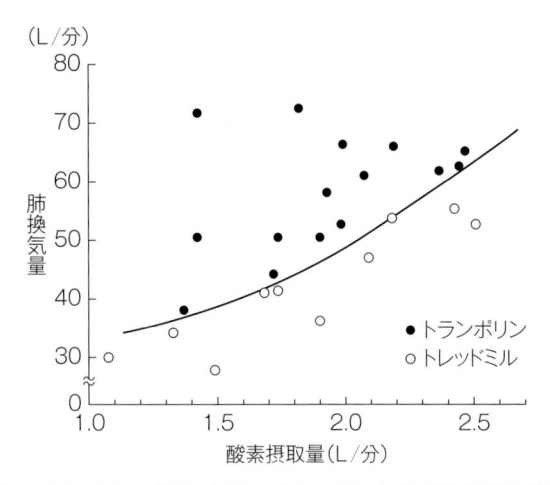

図1-25　トランポリンとトレッドミル走における酸素摂取量と肺換気量の関係(金子と豊岡, 1978)

ルギーを身体の位置エネルギーに利用するために必要なもの(下肢関節の固定)と考えられた．その証拠に，跳び上がる運動中，垂直跳では下肢のキック動作のために下肢筋群が顕著に活動するのに対し，トランポリン運動では下肢筋群の活動がほとんどみられない．最近の研究(Fukashiroら，1995；Fukunagaら，2002)によれば，垂直跳運動中の下腿筋群内でも，トランポリンに類似した弾性エネルギーの利用が腱によってなされているという．

2)「苦しさ」の原因は過換気

トランポリンとトレッドミルは同じ1分間の運動であるが，被験者のすべてに共通することは，心拍数がトレッドミルでは全員が150拍/分にも満たないのに，トランポリンではほとんどの被験者が150〜180拍/分にも上昇した．この違いは図1-25に示すように，トレッドミル走が有酸素性運動であったのに対し，トランポリン運動が無酸素性運動であったことに起因することを示すものである．つまりトランポリンでは，運動後に猛烈な息苦しさを覚えることからもわかるように，酸素摂取量のわりに肺換気量が多い．あたかも短距離走でも行った後の過換気症候群にみられるような過換気

（hyperventilation）状態になる．

　一見リズミカルで緩やかにみえるトランポリン運動が，実は呼吸循環系にとっては短距離走のような無酸素性運動だということである．トランポリンを行う実施者や指導者は，十分にこのことを念頭におき，注意する必要がある．

余談コラム 3 ストレッチ効果の先駆け「スターリングの法則」

近年のトピックスの1つである筋腱複合体の伸張効果は，著者のイタリア留学中（1975）における研究課題でもあった．この伸張効果で思い出されるのが「スターリングの法則」（Starling's law of the heart）である．この法則は，要するに心臓への静脈還流が多ければ多いほど心臓から押し出される血液量（心拍出量）も多くなる，という法則であり，生理学の教科書（たとえば，BerneとLevy，2003）には心臓の拡張期末における心容積と心拍出量の見事な比例関係が詳しく解説されている．筋腱複合体の場合と同様，多量の静脈還流による心筋の負の仕事（negative work）が増えると，その増加に対応して動脈血を全身に送り出す正の仕事（positive work）も増えるというわけである．静脈の乳搾り作用（milking action）が第2の心臓と呼ばれる所以もここにある．また，末梢から中枢に向けて揉み上げるマッサージ効果や，疲れたときに足を高く上げて寝ることによる静脈還流の促進も，スターリングの法則と合わせて考えるとわかりやすい．

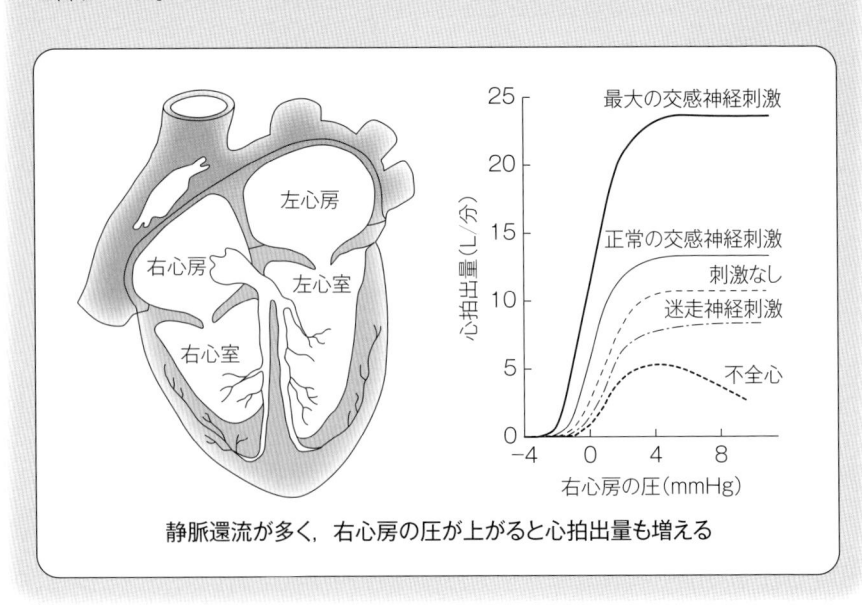

静脈還流が多く，右心房の圧が上がると心拍出量も増える

7．野球の上原投手を解剖する

1）投球動作を高速ビデオで分析

　滅多に出ない逸材が大阪体育大学の野球部に登場した．上原浩治投手がその人である．彼の投球動作を分析して記録に残すことは，われわれバイオメカニクスに関心をもつものとってまさに宝探しの面白さである．彼はそのころ，日本のプロ野球かアメリカのメジャーに行くか，深刻に悩んでいた頃であったが，われわれの実験依頼に二つ返事で快諾してくれた．実験準備のため1時間ほど前に野球場に行くと，彼はすでにグラウンドの外縁を走っていた．いざ始める段になって「すまないね．早くから来させて…」という言葉に対して彼は，「いつものことですよ」という．つまり練習では誰よりも先にきて，1～2時間はウォームアップに費やすのだとか．優秀選手が人並み以上に努力する事例は他にもいくつか知っていたが，上原投手が正にその好例であった．

　ビデオ撮影の準備で大切なのは，ピッチャーズマウンドが平面ではなく軽

図1-26　上原浩治投手の投球分析風景(村上ら，2002)

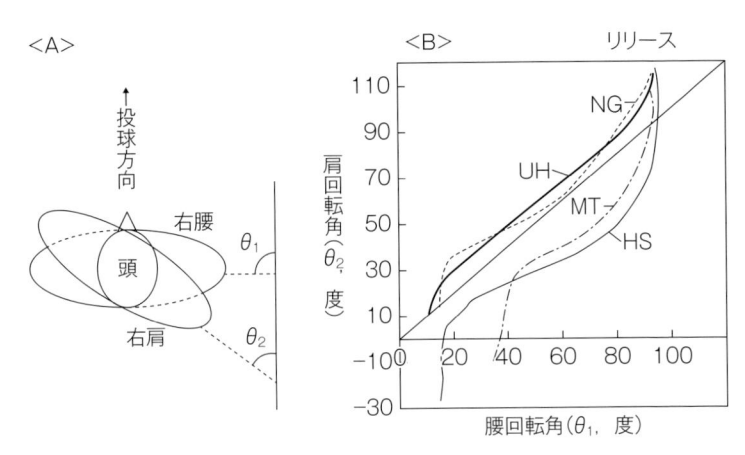

図1-27　水平面における腰（θ_1）と肩（θ_2）の回転角(村上ら, 2002)
A：回転角の計測方法，B：腰回転角（θ_1）に対する肩回転角（θ_2）の関係．上原投手（UH）の肩は，腰の回転とほぼ同時（あまり胴を捻らず）に投げていることに注意．

い山型のマウンドになっていることである．そこは共同研究者の淵本氏らが地面の要所に較正（キャリブレーション）用のマークを埋めてビデオ画面に取り込み，いわゆる測量を行った．撮影班もコンピュータの準備を終えて，いよいよ上原投手のピッチングが始まった（図1-26）．

　著者は上原投手の近くでウォームアップをみていたが，なかなかOKが出ない．裸の上半身はすでに汗びっしょりであった．やがて「今時，こんなもんでしょう」という彼の言葉で本番に入った．上原投手の特徴は当時すでにメディアを通して聞こえていた．ボールスピードが速い（時速およそ150 km），スライダーを得意としコントロールがよい，などである．

2）上体をあまり捻らない投球フォーム

　実験は上原投手と同僚の3人の投手も同時に行った．ボール速度は文句なしに上原投手がトップ．シーズンオフでありながら時速147 kmを出した．事前に調べた文献では時速135 kmが最高であったことを考えれば，彼の非凡さが伺われる．そのボール速度が優れている原因は，肩を軸とした上腕の動きの速さとスナップによる加速にあるとみられた（村上ら，2002）．

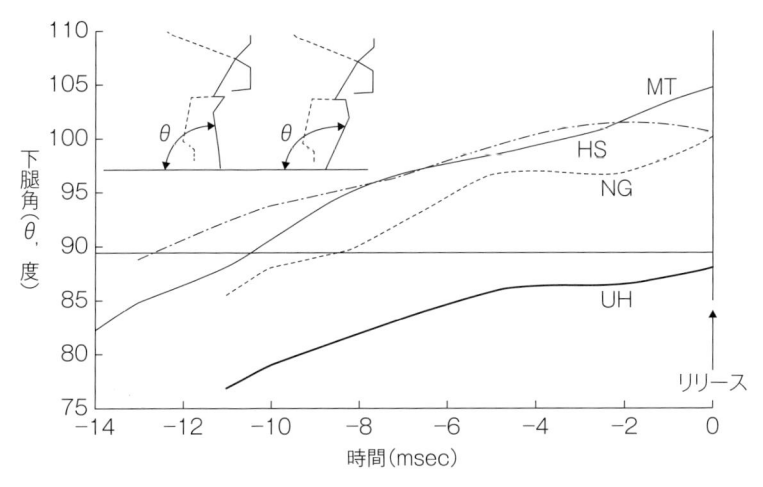

図 1-28　上原投手（UH）と同僚投手 3 名の前頭面における下腿傾斜角（θ）の変化（村上ら，2002）
上原投手の左軸脚の下腿が 90 度以内であることに注意．

　図 1-27 は腰の回転角（横軸）に対する肩の回転角（縦軸）の関係を示したもので，S 字型の曲線が中央の直線（等量線）から離れて大きくカーブすればするほど，肩の回転が腰の回転に遅れ，上体の捻転度が大きいことを示す．ところで，実践で示した上原投手をみると，ほとんど等量線に沿った直線である．もう一人の上原投手に次ぐ優秀投手も同様である．これは予想外であった．なぜなら，腰から下のエネルギーが胴体の捻れのエネルギーとなり，そのエネルギーが肩を回すと予想していたからである．しかし「事実」が優先である．この事実から考えると，上原投手は胴体があたかも硬い鉄板であるかのように捻れが少なく，腰のエネルギーを直接的に肩の回転エネルギーとして投げている，という解釈になる．野球研究の専門家に聞くと「考えられ得る」とのことであった．この上原流がすべてではないにしても，超一流選手に認められた紛れもない一投法である．

3）左脚を軸とするためのストレス

　われわれが注目した 1 つに，「前方へ踏み出した軸脚の特徴」がある．図

図1-29　上原投手の投球直後の動作(2001年頃の某スポーツ紙)

1-28がそれを示すもので，ボールの前方移動の時間を横軸にし，縦軸には左下腿の内側の角度をとってある．最下段の実線で示した上原投手の下腿は，直角より明らかに小さい角度から始まり，90度（直角に立つ）になる直前にボールをリリースしている．他の選手はどうかというと，投球の全般から早々と直角に立った位置を越えて膝を左に倒しながら投げており，上原投手とはまったく異なる．なぜであろうか．このシッカリした下腿が軸となって，コントロールのよさ（ボールの速さ）に貢献しているのではないか，とわれわれは考えた（村上ら，2002）．

しかし，この「下腿を内側に引き締めておく」ためには，必然的に大腿部の内側の筋肉を強く働かせる必要があり，これが内股へのストレスともなる．この内腿ストレスを解消するため，彼はボールをリリースするやいなや，あたかも「バッタが跳ねる」かのようなポーズをとる（図1-29）．つまりバッタのようなポーズは，上原投手選手の「内股ストレス」を急速に解放するのに必要な，一種の内股ストレス解放動作ではなかったか，と思われる．

8．野球の「メジャーボール」は飛ばない？

1）学生による問題提起

　ゼミナールで私語をしていた野球部員の学生に「何の話をしていたの？」と尋ねると，「アメリカの硬式野球（いわゆるメジャーリーグ）のボールは飛ばない」ということが話題であったという．そこで「その話（メジャーボールが日本のプロ野球のボールより飛ばない）には何か根拠があるの？」と聞くと，アメリカでプレーした選手が言っているのだから本当だろう，という．そこで「経験則というのがあるから，本当かもね」などと同調しながら話がはずんだ．実際に今や硬式のプロ野球は国際的となり，ワールドカップ（WBC）で日本が本場のアメリカに勝ったり，イチロー選手や松井選手などがアメリカのメジャーリーグで活躍していることもあって，日米間の距離が縮まった．そしてメジャーから帰国する選手が言うことの1つに「メジャーボールは飛ばない」があったというわけである．「本当かどうか，本当ならどの程度違うのか」を知る必要がある．あらかじめ承知していれば，メジャーに行ってから渡米した選手が戸惑うこともなくなる．野球の研究は枚挙に暇がないほど多いが，このような日本とアメリカの硬式野球ボールの反発力を調べた研究は皆無であるから，やり甲斐もある．「よーし，皆で確かめてみよう」ということになり，ゼミ活動における研究課題の1つとなった．

　すなわち目的は，日本の硬式野球ボール（以下，日本ボール新球）とアメリカのメジャーリーグのボール（以下，メジャーボール）を比較すると同時に，野球部員が日頃の練習で使っている中古のボール（以下，中古球）と新球との比較もする．研究課題を，
①日本ボールとメジャーボールの飛び（反発力）を比較する
②日本ボールの新球と中古球の飛び（反発力）を比較する

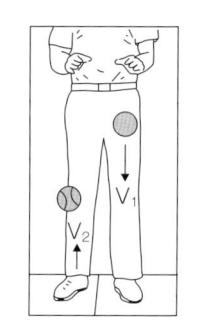

図1-30　反発力（反発係数）の実験法（金子，2006）
反発係数(e)=V_2/V_1

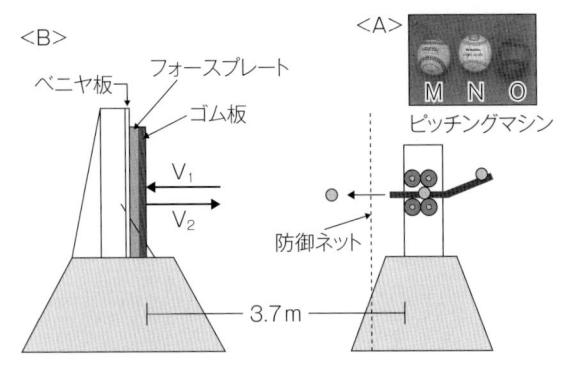

図1-31 日本とアメリカの硬式野球ボールの反発係数（反発力）を比較する実験法(川端と金子，2011)
A：日本とアメリカの硬式野球ボール（M：メジャーボール，N：日本ボール新球，O：日本ボール中古球）
B：反発力計測のためのピッチングマシン右とフォースプレート（左）
V_1，V_2のボール速度は高速度カメラ（毎秒200コマ）で測定．

とすることになった．

野球部員でないゼミ仲間も興味をもち，皆で手分けして準備が始まった．原理は簡単である．拙著のテキスト（金子，1982）に沿ってボールの反発係数（反発力）を調べればよい（図1-30）．

$$反発係数（反発力）e = V_2/V_1 \quad \cdots\cdots\cdots\cdots\cdots (1)$$

ただし，V_1はフォースプレートに当たる前の接近速度，V_2は当たった後の離脱速度である．

測定器具をどう配置するか．さいわい野球部にはピッチグマシンがあるので，これを使えばボールのコントロールとスピードの調節ができる．次はボールを受け止めるフォースプレートを垂直に立てかける必要があり，協力しあってガッシリした土台を作った．野球部員の1人は，懇意の野球道具店に行って「メジャーボールの購入」を依頼し，入手に成功した．

仲間の川端氏が大学時代に野球をしていたこともあり，率先して学生たちにフォースプレートや高速度カメラの扱い方を指導し，学生たちの習得も早かった．ピッチングマシンのボールを受け止めるためには，フォースプレー

トを垂直に支える台が必要である．器用な仲間が鉄材を切り刻み，みんなで手を貸してガッシリした土台を組み上げた（図1-31）．実験を開始すると，ボールがピッチングマシンに跳ね返ってきて危険なため，防御用ネットを張り，検者が安心しマシンのボールスピードを操作できるようにした．

　進入速度（V_1）と離脱速度（V_2）は，ボールと垂直になる方向から高速度カメラ（毎秒200コマ）で撮影し，その分析で十分に捉えることができることも確かめた．使用するボールの種類や投球順をランダムオーダーにして，楽しく実験を行った．

2）反発力の測定

　本実験では，ピッチングマシンの性能が比較的確かな範囲の速度として，投球速度を時速75〜125 kmの範囲に設定して実験を行った．しかし，装置の目盛りを同一速度に設定し，同一種類のボールで発射しても，進入速度は必ずしも一定ではなかったが，その原因は多分，ピッチングマシンのボール把持の具合や，衝突の際の縫い目の位置などが影響したものと推測される．

　上記の式（1）によって3種類のボールの反発係数を調べた結果が図1-32である．反発係数（e）は，進入速度（V_1）の増加とともに減少し，各ボールの反発係数と進入速度の間には高い相関関係（$r=0.770〜0.833$，$p<0.001$）があり，次のような回帰式が得られた．

　メジャーボール　$e = -0.003V_1 + 0.624$

　日本ボール新球　$e = -0.003V_1 + 0.631$

　日本ボール中古球　$e = -0.003V_1 + 0.597$

　この結果から，反発係数は（統計的に有意ではないが）日本新球のほうがメジャー球よりやや大きく，日本のプロ野球で使われているボールのほうがメジャーボールより幾分「よく飛ぶ」傾向が認められた．

　かくして，日本のプロ野球で使われているボールは，アメリカのメジャーリーグのボールより「よく飛ぶ」こと，また日本の試合で使う新球は練習で使う中古球（約3〜4週間使用）より約10％「よく飛ぶ」ことを論文にまとめた（川端と金子，2011）．

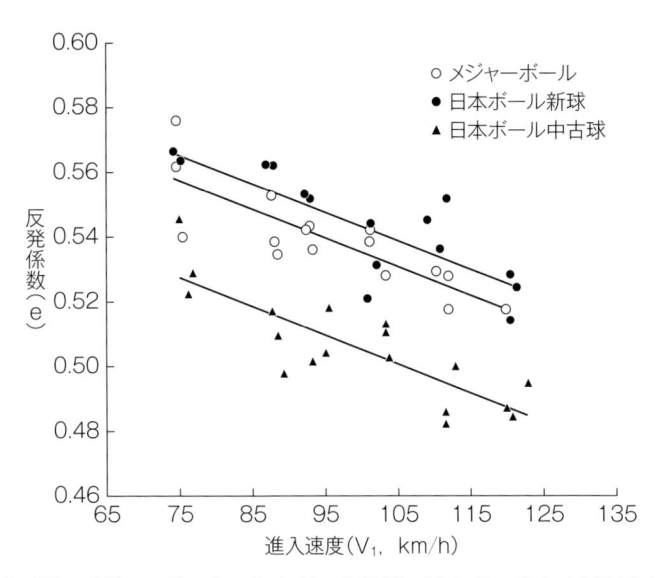

図1-32 メジャーボール，日本ボール新球，日本ボール中古球における反発係数の進入速度に対する比較(川端と金子，2011)

3）やや「飛びが悪い」メジャーボール

ちなみに投球されたすべての場合の反発係数を平均化すると，メジャーボール $e=0.484$，日本ボール新球 $e=0.491$，日本ボール中古球 $e=0.457$ となる．一般的な弾道方程式は，初速（V_0），発射角（θ），打点の高さ（h）で決まるが，野球の場合は飛距離に比して打点の高さが相対的に小さいので無視する．そのうえで，打球が仮に45度の方向に飛んだとすると，その飛距離はメジャー球が127m，日本の新球が131m，同中古球が113mとなる．つまり「飛びのよさ」では日本ボール新球がもっともよく，次いでメジャーボール，日本ボール中古球の順となる．飛距離にしてわずか「4mほど飛びが悪いメジャーボール」だが，その道の専門家であるプロ野球選手には無視できない差異なのかも知れない．むしろ使用回数によるボールの劣化の影響のほうが大きい可能性が大である．

余談コラム 4 サッカーのナックルボール

　先に出版した拙著（金子，2011，p177）のコラムで，野球における「魔球ナックルボールの謎」の話題を取り上げたが，その後になって同様のナックルボールの研究が「サッカーのナックルボール」（洪と浅井，2010）として発表されていることを知った．写真はサッカーのナックルボール（a）とストレートボール（b）を比較した図だが，なにやら煙のような不思議な写真である．その高尚な流体力学に関する内容は難解で奥が深いが，不思議な雲状の模様は，あらかじめサッカーボールに塗布しておいた発煙物質（四塩化チタン）の発した渦流軌道（vortex street）を示すもので，ナックルボールのほうが上下に大きく揺れている．つまり，ナックルボールの予測し難い不規則な動きは，ボールから放出される渦運動の激しさが原因で，とくに上下に大きく動く渦流の反作用がボールに複雑な動きを生み出しているようである．テニスやバレーボールなどでも，同じような現象があるものと推察される．

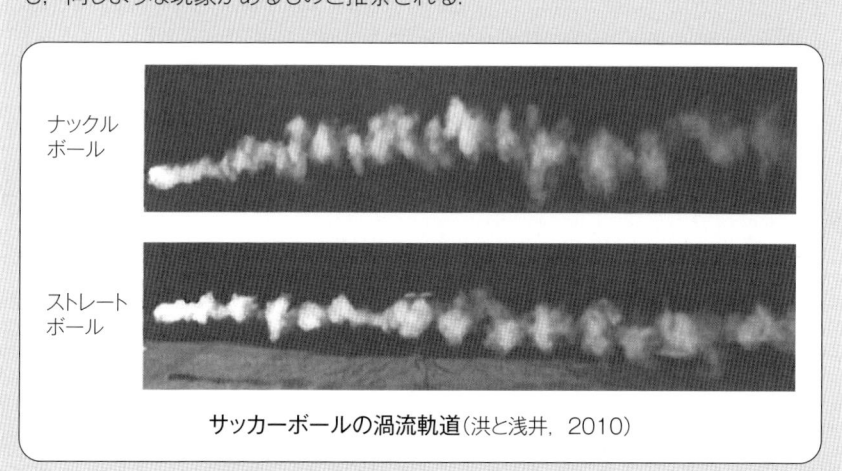

サッカーボールの渦流軌道（洪と浅井，2010）

9. 野球「金属バット」の特性

わが国では野球があたかも国技のように特別な扱いを受けている．その証拠は，高校野球やプロ野球に対するメディアの取り扱いをみればわかることである．研究面でも野球の分析例はきわめて多く，バットの力学的性質に反発力やスイートスポットを理論的に考察した吉福（1985）ほか枚挙に暇がない．

ところでそのバットについてであるが，現在の高校（硬式）野球では金属バットの使用が許されており，高校球児の多くが金属バットを常用している．しかし，大学野球とプロ野球では金属バットが禁じられ，社会人野球でも 2002 年から原則として金属バットの使用が禁止された．オリンピックなどの国際大会でも木製バットが主流で，聞くところによると，プロ・アマ混成で臨んだシドニーオリンピック（2000 年）では，日本チームの中で金属バットを常用していた社会人選手が，急遽，木製バットに切り替えて試合に臨んだという．

金属バットに馴れ親しんだ高校選手がプロ野球に進めば，バットの変更に多かれ少なかれ戸惑いを覚えるに違いない．メーカーに金属バットの特性を尋ねても「企業秘密」を盾に何も教えてはくれない．だが，高校からプロ野球に進む選手にとっては，金属バットから木製バットに切り替える不安を和らげる「金属バットと木製バットの違い」は，ぜひとも知りたい関心事である．

1）バットの重さと慣性モーメント

そこで金属バットと木製バットの特性を比較する実験を行った（川端と金子，2006）．この研究で用いた金属バットと木製バットは各 1 本（比較的新品）．被験者は高校の野球部員 20 名である．ボールは腰（ベルト）の高さに調節したティーの上にボールを置いて打つ，いわゆるティーバッティングとした．

振りやすさに注目してまず重量を比べると，金属バットのほうがやや重い（金属 0.95 kgf，木製 0.89 kgf）．長さは等しい（85 cm）が太さ（最大直径）

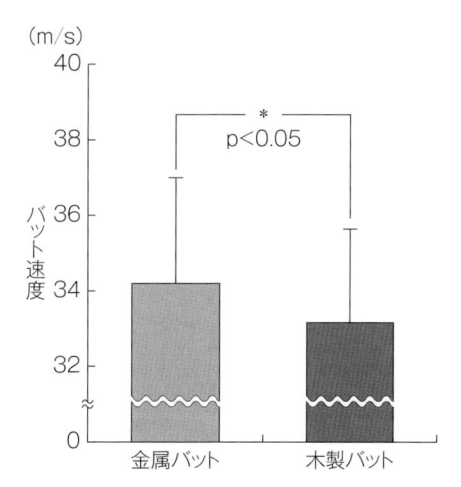

図1-33 野球の金属バットと木製バットによるバットのスイング速度(川端と金子, 2005)
バット速度はボールをヒットする直前の速度.

は金属バットのほうが太い(金属 6.7 cm, 木製 6.2 cm). 重心の位置を調べると金属バットのほうがグリップエンドに近い(金属 0.512, 木製 0.557).

　力学的指標の中でもっとも頼りになる振りやすさ(回しやすさ)の指標となるのが慣性モーメントである. つまり慣性モーメントは, 厳密にいえば, バットを構成している部分の質量の大きさ(M_i)とその重さがグリップ中心からどのような距離(R_i)に分布しているかで決まる. 形状から計算するのはきわめて厄介であるが, 実験的にはゴルフクラブの場合と同様に振り子法(図1-40と同原理)を使えば簡単に求めることができる. 測定の結果, それぞれの慣性モーメントは,

　金属バット：0.589

　木製バット：0.647

となった. 慣性モーメントは小さいほうが回しやすく, 大きいほうが回し難い. つまり「金属バットのほうが明らかに振りやすい」といえる.

　また金属バットと木製バットでティーバッティングを何度も行ってもらい, 高速度カメラでボールがバットに当たる前のバットの速度(V-bat)と,

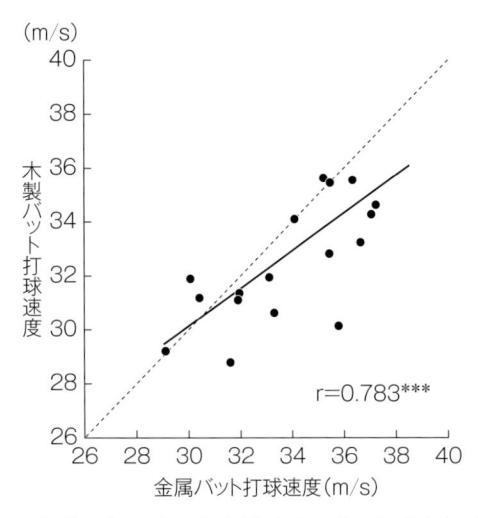

図1-34 野球の金属バットと木製バットによる打球速度（バットから離れるときのボール速度）の関係(川端と金子, 2005)

当たった後のボール速度（V-ball）の比（効果比 $E = V\text{-}ball/V\text{-}bat$）を調べたところ，この効果比は金属バットと木製バットの間に差異がなかった．つまり，金属バットであろうと木製バットであろうと，バットのスイング速度が速ければ速いほどボールの速度が速く「よく飛ぶ」ということである．そして実際のスイング速度を比較してみると明らかに金属バットのほうが速い（振りやすい）（図1-33）．また，バットから離れる瞬間のボール速度（打球速度）も図1-34のようであった．つまり，打撃で飛び出すボールの速度（金属バット打球速度）は，金属バットのほうが速く，しかもその傾向は打球速度とともに拡大する，という関係にある（川端と金子, 2005）．

これらのことから金属バットの（木製バットと比べた）特徴をまとめると，金属バットはやや重いが重心がグリップエンドに近く，グリップの中心周りの慣性モーメントが小さいために振りやすく（回しやすい），このためバット速度が速くなって打球がよく飛ぶといえよう．また推定ながら，金属製で中空のため反発力が大きく，太いためにボールに当てやすいことも利点ではないかと思われる．

9. 野球「金属バット」の特性

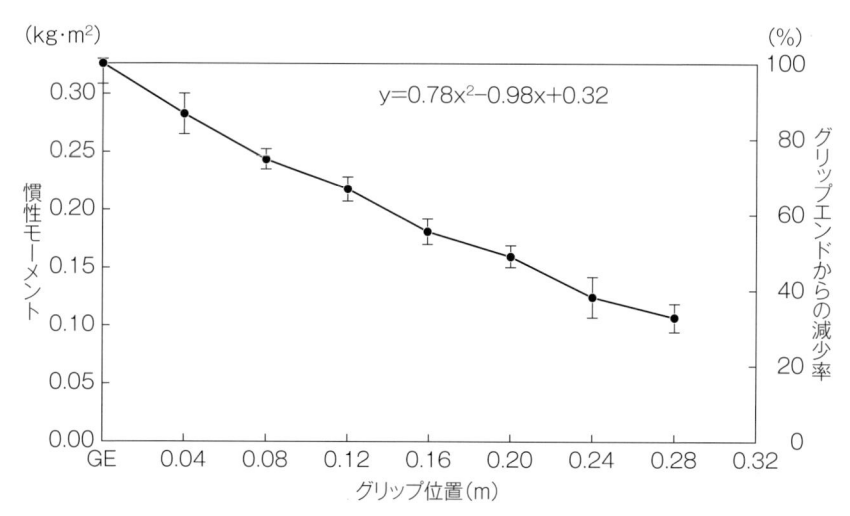

図1-35　野球バットのグリップ位置による慣性モーメントの変化（川端と金子, 2006）
左軸：バットのグリップエンド（GE）から支点（グリップ位置）をバット重心方向に移した場合の慣性モーメント
右軸：グリップエンドでの慣性モーメントを100とした場合の減少率（%）

2）バットを握る「長さ」と振りやすさ

　一般に，ホームランを狙うロングヒッターはバットを長く握り，アベレージヒッターは逆にバットを短く握り確実なヒットを狙う．誰もが経験的にグリップ位置でバットの振りやすさが違うことを承知しているからである．

　バットの振りやすさ（振り難さ）を決める慣性モーメントが，握る位置によって実際にどのように変化するのかを調べた（川端と金子，2006）．バットはいずれも木製バットで18本．図1-35は，回転の支点（握りの中心）をいろいろ変えて，バットの慣性モーメントを振子法で調べた結果である．回帰式は以下のとおりであった．

$$y = 0.78x^2 - 0.98x + 0.32 \cdots\cdots\cdots\cdots\cdots\cdots\cdots\cdots\cdots\cdots (1)$$

　　ただし，xはグリップエンドから握りの中心までの距離，yは慣性モーメントである．

　このことから，グリップ位置をグリップエンドから遠くすればするほど，

49

慣性モーメントは指数関数的に小さくなり，約 20 cm 短く握ることによって約 40 % も振りやすくなる．逆にバットを「長く握る」（グリップエンドに近いグリップ）では慣性モーメントが大きくなるが，そのメリットは，振られたバットがボールに当たったときに，バットがボールの勢いに負け難いことである．慣性モーメントにはこの両面がある．

10．女子プロゴルファーの動作分析

1）女子プロが多数の女子プロを分析

　関東の女子プロゴルファーが，ある人の紹介で関西のわれわれとゴルフスイングの研究をすることになった．まずは何をテーマにするかが問題である．ゴルフ関係の雑誌では，プロゴルファーのスイングを例にあげて，プロゴルファーならではの美しいフォームを紹介している．

　ゴルフのスイング動作を三次元分析した貴重な研究報告（川島，1997；池上ら，1997）もあるが，いずれも上級者（とくにプロ）の人数は限られており，上級者に共通する特徴を一般化したものはない．われわれが着目したのはこの点である．つまり多人数の共通項を示すことである．それには多人数の被験者が必要である．比較材料にするアマチュアならどこにでもいるが，プロの被験者を多数分析することは至難のわざである．そこはさすがに研究者が女子プロであることが幸いし，関西の女子プロゴルファーを統括している中村悦子プロの暖かい理解と協力を得て，約20名の女子プロを被験者とすることができた．アマチュアは，いわゆるアベレージ・ゴルファー（経験年数11〜15年）に練習場で交渉し，約20名の協力が得られることになった．

　分析対象はやはり「ドライバー・ショット」と決めた．ゴルフをする人なら誰しもがドライバーで飛ばしたいという欲求をもち，プロにとっても，もっとも長いクラブだけに操作が難しく，基本となる動作というのがその理由である．

　最終的な被験者数は，女子プロが18名，女子アマが19名（経験年数は11.3±5.7年）となったが，それでも「女子プロが約20名もくる」と聞いて研究室が活気づいたことは言うまでもない．1つの実験室は仮設の「打ちっ放し場」と化し，打球を受け止めるネットが張られた．ビデオ分析にはいわゆる較正（キャリブレーション）が欠かせない．随所に規定の目印の付いた棒を立て，三次元空間のコントロールポイント（基準値）がわかるように2台のビデオカメラに写し込んだ．一方，被験者が到着すると，皆が寄ってたかって形態計測やら筋力測定などをするとともに，コンピュータに正確なデータ

I章　からだの動きを科学する

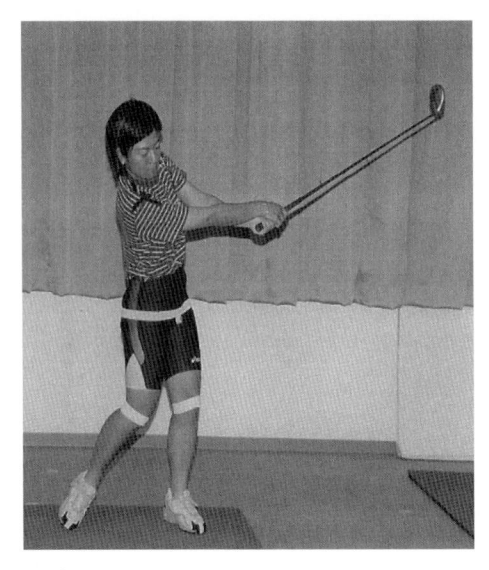

図1-36　女子プロゴルファーのバイオメカニクス研究(野沢と金子, 2002)

を取り込みやすくするため，頭頂，耳，胸などといった身体の要所とクラブ24カ所に，目印となるテープを貼り付けた．これで準備万端．女子プロが所定のドライバーを握り，入念なウォームアップがはじまった．「バシッ，バシッ」と小気味よい打撃音が響く．さすがプロのフォームは美しい (図1-36)．「ウォームアップは十分」のサインで本番の試技に入り，被験者が「ベスト」と認めた試技を分析した．なおスイングはバックスイングから始まるが，分析ではトップ・オブ・スイングからインパクトまでのダウンスイングに的を絞って分析することにした (野沢と金子，2002)．

2) ヘッドスピードの違いの原因は？

まず，インパクト時のヘッドスピードをみると，アマチュアが 30.6 ± 2.7 m/s に対して，プロのヘッドスピードは 39.1 ± 1.3 m/s．所定の同じクラブを使っているから，クラブの違いが原因でないことは明白である．統計的な差はもちろんだが，プロのヘッドスピードはアマの約1.3倍，つまり30％も速い．飛距離はこれに比例すると考えられるから，アマの距離が180ヤード

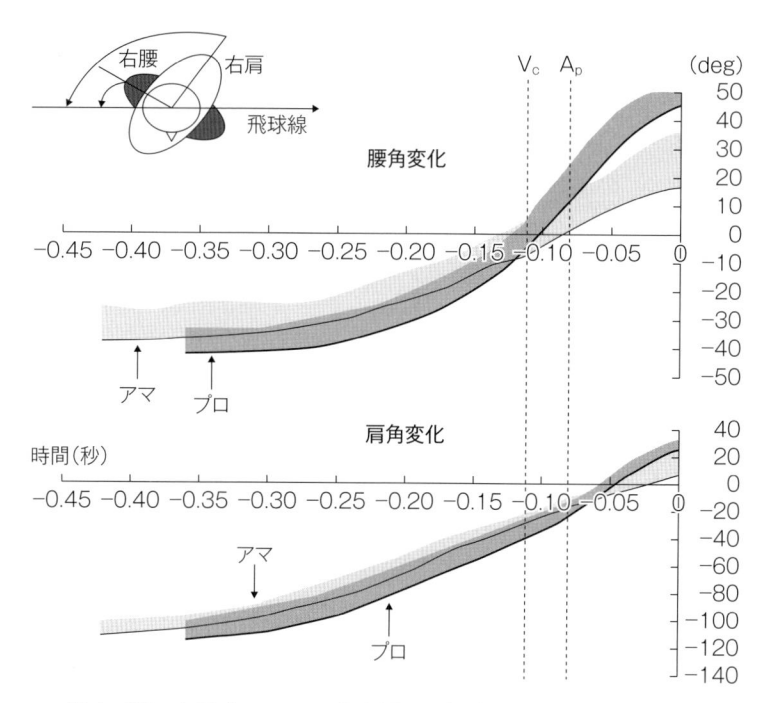

図1-37　女子ゴルファーの腰と肩の回転速度(野沢と金子, 2002)

　ならプロは230～240ヤード飛ばすことになる．この違いは何が原因か．
　ダウンスイング中のヘッドスピードの変化(加速状況)がまず大きく違った．つまり，アマチュアのヘッドスピードは前半ではプロより速いが，グリップが腰のあたりに降りた頃からプロのヘッドスピードのほうが速くなり，以後差が拡大する．このヘッドスピードの交差するところを，仮に＜V_c＞としよう．図1-37にみられるように，V_cの付近からプロの肩の回転がアマを上回り，クラブヘッドスピードがアマチュアを上回る．V_cのすぐ後で加速度が最高になるが，その時点を＜A_p＞としよう．加速度が最高のとき(A_p)とは，力がもっとも強く働いた証拠で，その時点でプロの腰回転の速度がアマを越える．どうやら基本的には，この腰と肩の回転がクラブのヘッドスピードに大きくかかわっているようである．

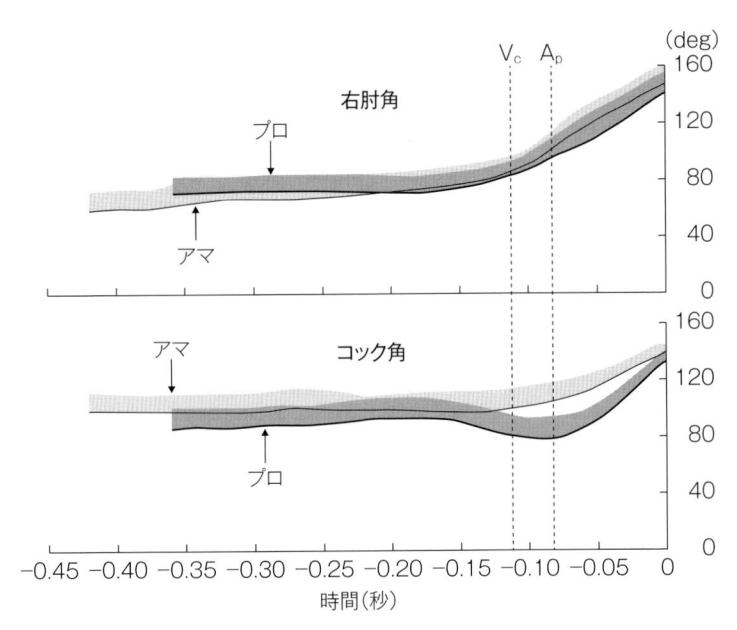

図1-38 女子ゴルファーのスイングにおける手首の角度(コッキング)の変化(野沢と金子,2002)

3) ムチ作用とコッキングがプロの証明

ゴルフスイングにおけるプロとアマの違いは,と聞かれてもっとも単純に「違う」と言えるのは手首の角度(コッキング)である.もう少し厳密に言うと,アンコッキング(手首角の開放)のタイミングが著しく違うのである(図1-38).プロでは,手首が腰のレベルに降りたころ(ほぼV_c-A_pの時点)でもっとも屈曲した状態となり,A_p以後に急速にコッキングが開放され,腕とクラブの角度が増加しつつクラブヘッドが走る.プロは例外なくこのパターンであったが,アマには一例もこのパターンが見当たらない.つまりアマチュアのアベレージ・ゴルファーでは,少なくともこのアンコッキングが(その度合いとタイミングにおいて)プロにどうしても敵わないのである.

何のスポーツでもそうだが,「極意」とか「奥義」というものは,本人が自分で体得するまでは,「教えても教えられない」類のことのように思われる.ゴルフもその例に漏れず,プロが簡単に260ヤード飛ばしても,その動作が

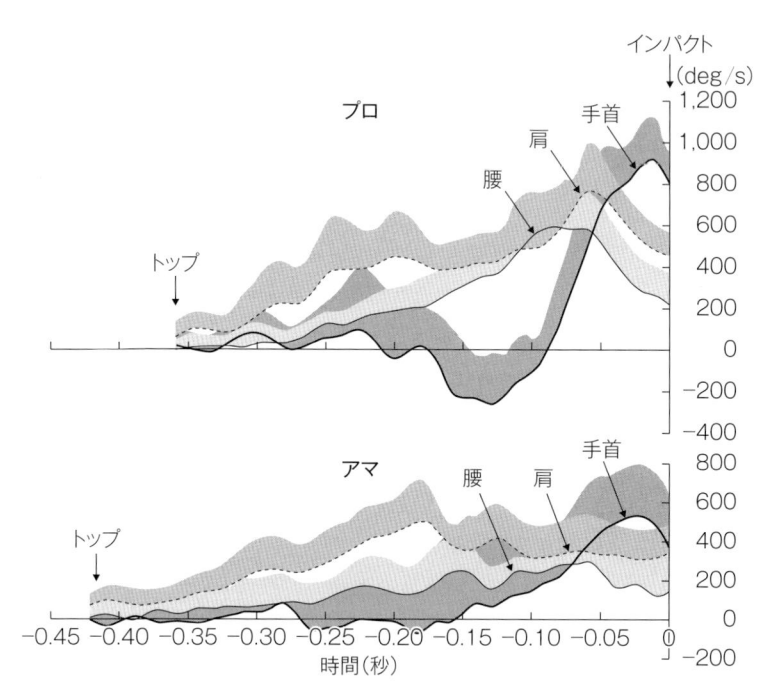

10．女子プロゴルファーの動作分析

図1-39　女子ゴルファーの手首，肩，腰の動きの時間系列（野沢と金子，2002）
上段のプロにはムチ作用がみられる．

余りに簡単に「みえる」ためにかえって難しい．それらしい動作ができても飛ばない．プロにみてもらうと2～3の問題点を指摘されるが，やはりできない．再度プロに試打してもらうと「いとも簡単にできる」のである．極意とは厳しい鍛錬の後に本人が体得するものに相違ない．

　先に示したコッキングもそうである．目にみえないエネルギーの伝達に鍵があると思われる「プロの技」である（図1-39）．まず同図上段のプロの例を下段のアマチュアと比較しよう．縦軸は速度であるから，プロの動作ではまず，「腰の回転速度」が一定になると続いて肩の回転速度が急増し，肩の速度が一定になると続いて手首の返しが続く．このように体幹部のエネルギーが腕を通して手に伝わる様子は，エネルギーの巧みな伝達（energy flow）を思わせる．つまりプロの腰回転からアンコックに至る過程は，まさに「ムチ作用」に似た動きであり，ゴルフの極意を示すものといえよう．

余談コラム5　アルコールはデブのもと？

　アルコールについて著者には強烈な記憶が2つある．一つは，かれこれ50年ほど前のことだが，国立健康・栄養研究所のS先生がわが師・猪飼教授に「実は最近，アルコールも立派に栄養として役立つことがわかってきたんですよ」と言われた．食糧難の時代だったので，呑兵衛の著者にとっては朗報であった．もう一つの記憶は，スポーツ界の大御所で豪放，逸話にことかかないO先生が，時折「飯でも食おうか」と誘ってくださるのだが，ご自身は飯らしきものをほとんど口にせず，もっぱらウイスキーをストレートで飲んでいたことである．このとき私は「O先生の主食はウイスキーに相違ない」と確信した．

　時はメタボ時代となり，糖尿病も増えている．アルコールがメタボの敵とされるのはなぜか．昔栄養，今メタボでは洒落にならない．そこでアルコールがどの程度デブに対して貢献（？）するのかを調べてみた．すると意外や意外なのである．ビールは350mL缶で約150kcalだという．とすると飯1膳（150g）＝約250kcalのわずか60％である．しかもウイスキーやブランデーのような蒸留酒なら30mLで70kcalだというから，水割りにして呑めば3杯呑んでも飯一膳以下である．日本酒はチビチビやってもアルコール濃度がビールの3倍もあるから要注意．

　呑兵衛の結論としては，蒸留酒（焼酎，ウイスキー，ブランデー等）などを水（またはお湯）で割って飲むのが賢い．それでもアルコールが「メタボの敵」と敬遠されるのは，食欲が増進してツマミに手を出し，結局ハイカロリーにしてしまうかららしい．アルコールそのもののエネルギーはそれほど高くないし，糖質を酵母が分解してできるものなので吸収も早い．適度に呑めば百薬の長かも．

11．ゴルフクラブの「スイングウエイト」は怪しい？

1）クラブのバランス（スイングウエイト）の信頼性

　ゴルフクラブの性能には，ヘッドやシャフトの素材とその反発力などさまざまな要素が含まれるが，もっとも基本的な要件のひとつに「振りやすさ」がある．その「振りやすさ」の目安に「スイングウエイト（swing-weight）」があり，これが世界中に普及して，日本でも多くのゴルフショップに置かれている．スイングウエイト（バランスともいわれる）の発祥は，スチールシャフトの開発された1923年頃にRobert Adamsが考案し，マサチューセッツ州のケネス・スミス社がそれを一部改変してクラブ製作に用いたとされている（Treacy, 1983）．またFarricker（1996）によると「スイングウエイトの神話（The myth of swing weight）」と題する記事の中で，「スイングウエイトという言葉はどんな大辞典にもなく，どんな物理学者に聞いてもわからない不思議な言葉である」と前置きして，「要するにクラブの振りやすさを表す尺度であり，グリップエンドから14インチのところに支点を置いて計測する値である」と述べている．

　わが国のゴルフ解説書によると，クラブのグリップエンドから12インチのところを支点として，支点からクラブ重心（G）までの距離とクラブの重量（W）を乗じた値（単位はインチ・オンス）で表す「インチ・オンス法」と，支点から12インチのグリップエンドを引き下げてバランスをとるときの力（オンス）で表す「ケネス・スミス法」とがある．とされている．実際には，数値による表示の代わりに，C，D，Eといったアルファベット記号と数値を組み合わせた表示（たとえばD1，E2など）となっている．

　このようなスイングウエイトが「クラブの振りやすさの指標」として真に妥当なものか否かについては，流体力学の専門家である河村（1972）が，「スイングウエイトは科学的にはかなり怪しく，12インチという数字も神秘的なもので，力学的には慣性モーメントがもっとも妥当であると考えられる」と述べている．また，物理学者の増田（1984）も，クラブの振りやすさの力学的指標としては「スイングウエイトより慣性モーメントのほうが適当であ

る」との見解を示している．

そこでわれわれは，グリップエンドから支点までを12インチとしてスイングウエイト（バランス）を実測するとともに，振子法によって慣性モーメントをも実測し，両者の間の相関関係から「スイングウエイトの妥当性」を検証した（金子と川端，2005）．

2）真のバランス（慣性モーメント）の計測

テストするからにはそれ相当の本数のゴルフクラブが必要である．ゴルフ中古店の協力を得たり仲間のクラブを借りたりと，準備が大変であった．その結果，ドライバーが30本，アイアン（種々番手を含む）が46本，フェアウェイウッドが7本の計83本が集まった．

スイングウエイトの計量法は，クラブを水平にして支持する支点を14インチにする方法と12インチにする方法とがあるが，本研究ではわが国でもっとも一般に使われているバランス計（グリップエンドから12インチ＝約0.305 m）をゴルフショップから借用して，スイングウエイトと称される「クラブが水平になるときのグリップエンド（E）における力（F）」をスイングウエイトとして計測した．なお，単位は「オンス」に代えてSI単位の暫定措置「キログラム重：kgf」で表した．

クラブの慣性モーメントは，振子運動の周期から計算する方法とし，次式で慣性モーメント（I）を計算した．

$$I = mgL(T/2\pi)^2 \quad \cdots\cdots\cdots\cdots\cdots\cdots\cdots\cdots\cdots\cdots\cdots\cdots\cdots\cdots\cdots\cdots (1)$$

ここで，Iは慣性モーメント，mgはクラブ重量，Lはグリップエンドからクラブ重心までの距離，Tは振子運動1周期の時間であり，πは3.14とした．

この計測にあたっては，クラブの振子運動のための鉄枠をつくり，その上部中央にグリップエンドを吊り下げる木製の支持台を置いて，クラブの振子運動をさせた（図1-40A）．もっとも工夫を要したのはクラブを振る支点の作り方で，どのようにしたらグリップエンドの中心に糸を通したような支

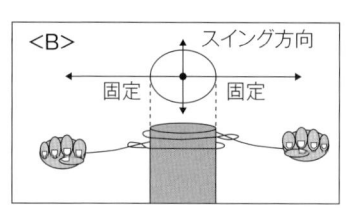

11. ゴルフクラブの「スイングウエイト」は怪しい？

図1-40　ゴルフクラブの慣性モーメントの測定（振子法）（金子と川端，2005）

点をつくれるか，であった．試行錯誤のうえで行きついた最善の方法は，グリップエンドの両側から釣り糸の輪をかけ，両サイドに強く牽引し固定することであった．こうして釣り糸と直角方向にクラブを振れば，クラブの中心を支点とした振子運動が可能となる（図1-40B）．この実験台で10往復の振子運動の時間を光電管でカウントし（図1-40C），1周期の時間（T）を1/1,000 sの精度で測定した．

3）スイングウエイトの実用性

本研究で使用したゴルフクラブの場合，スイングウエイトと慣性モーメントの平均値±標準偏差（最小〜最大）は，以下のとおりであった．

- スイングウエイト（F）
  - ドライバー　　　　　：0.451 ± 0.023（$0.400 \sim 0.530$）kgf
  - フェアウェイウッド：0.450 ± 0.015（$0.430 \sim 0.470$）kgf
  - アイアン　　　　　　：0.446 ± 0.018（$0.410 \sim 0.480$）kgf
- 慣性モーメント（I）
  - ドライバー　　　　　：0.250 ± 0.010（$0.226 \sim 0.273$）kg·m^2
  - フェアウェイウッド：0.246 ± 0.009（$0.231 \sim 0.255$）kg·m^2
  - アイアン　　　　　　：0.231 ± 0.008（$0.216 \sim 0.245$）kg·m^2

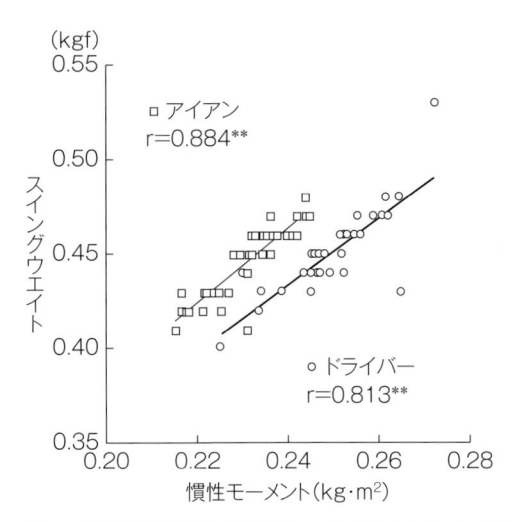

図1-41 ゴルフクラブの慣性モーメントとスイエングウエイト
（バランス）の関係（金子と川端，2005）

　問題はスイングウエイトの信頼性（慣性モーメントとの相関）であり，それを図1-41に示した．ここではドライバーとアイアンの素材（木，鉄，カーボンなど），アイアンでは番手（4I，5Iなど）を無視した．スイングウエイトと慣性モーメントの間の相関は，ドライバーで$r=0.813$，アイアンでは$r=0.884$となり，どちらの相関も1％の危険率で有意となり，互いに（捨てがたい）密接な関係にあることがわかった．

　この図1-41に示した結果をどう理解するか．1つは「やはり慣性モーメントとは違うので，バラツキがあるではないか」という解釈，もう1つは「慣性モーメントの測定が厄介なため，（力学的には正しくないが）実用性の面からスイングウエイト（バランス）を使った．したがって，多少のバラツキは仕方のないこと」という理解である．どこのゴルフクラブでも使用し，その値を金科玉条とすることには問題があるが，「振りやすさの目安」として使う分には，許されてもよい相関係数のように思われる．ただし使用者は，スイングウエイトには上記のような問題があることを理解したうえで用いるべきであろう．

余談コラム ⑥ 解剖学用語になったギリシャの神々

　語源を眺めていると，たいていはギリシャ語かギリシャ神話の神々の名に行き着く．もっともギリシャ神話とローマ神話はどこがどう違うのかわからないほど重なっており，どちらが先かもわからないらしい．たとえば美の神アフロディーテはギリシャ語だが，イタリアではビーナスとなる．注射器のシリンジも元をたどればギリシャ神話の美の妖精シュリンクスにいたる．要するに管状の器具にかわっていったようである．先ごろ著者が受けた心臓バイパス手術の用語など，軒並みギリシャかローマが発祥で，狭窄を起こしている冠動脈の動脈はギリシャ語のarteriそのものであるし，足を切り裂いて取り出した静脈veinはラテン語のvenaから来ている（ドイツ語ならvenaのまま）．ギリシャ語とラテン語源の合作である．

　誰もが知るアキレス腱の神話は，母親がテティスを不死身になるようにと冥界のスティクス河に漬けたとき，手で握っていたアキレス部だけが水に漬からず，そこが弱点になった（小川と永坂，2001）．やがてトロイ戦争ではギリシャ軍に加わって有名をはせたが，トロイ軍の敵将パリスがアポロの神からアキレスの弱点を聞き出して見事に下腿三頭筋の腱（アキレス腱）に命中し，戦死したという（加藤と三浦，2006）．イタリアでは語源がラテン語なので，解剖学や音楽用語が日常生活に溢れている．

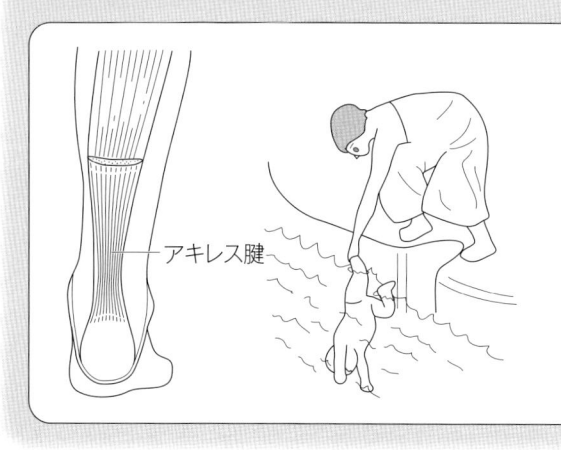

母親はアキレスを不死身になるようスティクス河に漬けたが，足首だけが握られていたため漬からずに弱点となった（アキレス腱）

12．武道達人の「遠山の目付け」

1）スポーツ科学に初のアイカメラ導入

かれこれ47年前にさかのぼる1965〜1966年頃のこと．柔道科学研究会である高段者が，「古来から達人は"遠山の目付け"（遠くの山を見ているような目付き）で全体を見ているらしい．どこを見ているのか研究して下さらんか」と発言した．「面白い！」とばかり剣豪やサーカスの綱渡りなどの話で，ひとしきり座がわいた．

もとより達人と称される人の到達した証の一つが「遠山の目付け」であるに違いない．そのような達人の「こころ」の中に培われた高邁なる奥義（おうぎ）を，「科学的」などと証する物差しで簡単に量れるとはとても思えない．それにしても誰がどうやって研究するんだろう？　と他人事のように聞いていた．そこへ今は亡き猪飼道夫教授から著者に白羽の矢が飛んできた．「眼球運動などは調べられているようですが，"遠山の目付け"とは次元が違うと思います」などと言いながら，懸命に辞退を申し出たのだが，先生の言われることは「絶対命令」である．「眼球運動でも調べようか」と，まずは東京大学心理学教室を訪ねた．そこには腰の高さほどの実験器具で，双眼鏡を覗いて文字を読む際の眼球運動を調べるものがあった．もっと広い視野が見えるものはないかを尋ねると，航空自衛隊の研究所にあるらしいという．訪ねてみると「われわれの物はまだ開発中でみせられないが，NHK放送技術研究所で開発されたらしいよ」と教えられた．

松本芳三先生のコネで，手塚政孝氏とともにNHK放送技術研究所を訪ねた．するとそこにヘルメット型のアイカメラがあった．その基本的な機構はまさに渡部叡氏の開発した国産第一号機である（渡部，1964）．まず，所定のメガネをかけて顔（とくに顎）を固定し，前方のスクリーンを視る．メガネの脇には豆電球があって，その光がメガネに反射して光ファイバーを通り，頭上の映写機に入って

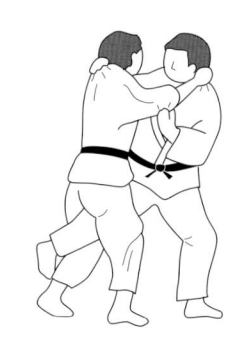

12．武道達人の「遠山の目付け」

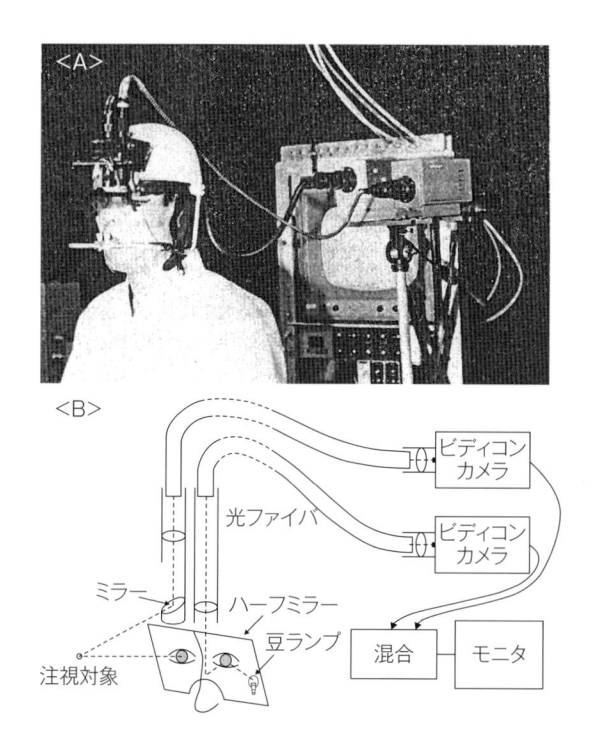

図1-42　柔道注視点の研究に用いたアイカメラ(松本ら，1969a)
A：アイカメラを搭載し，テレビカメラに送っている写真．
B：アイカメラによる注視点計測の機構．豆ランプに反射した輝点（注視点）と注視画面が光ファイバでビディコンカメラに搬送され，混合されて同一テレビ画面（モニタ）に映し出される．

景色の上に小さな点となって写し出される．この点が注視点である（図1-42）．今でこそアイカメラは市販されてポピュラーなものとなっているが，NHK放送技術研究所で目にしたものが当時の最先端技術であった．

2）柔道家の注視点

テストとしてまずはスクリーン中央部に黒点だけを映写し，被験者にその黒点を見つめるよう指示した．すると注視点はその周辺の狭い範囲を小刻みに動き，あたかも黒点を確かめているかのようであった．

いよいよ渡部叡氏の協力を得て柔道の視点に関する研究を始めることにな

I章　からだの動きを科学する

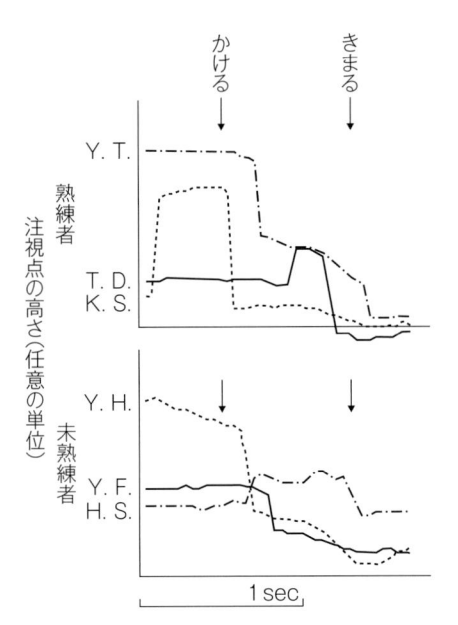

図1-43　柔道投技（支釣込足）の注視点(松本ら，1969b)

り，最初の研究課題として，試合をしているところをスクリーンに映し，これを柔道家と非柔道家に見せ，注視点の動きにどんな違いがあるかを比較することとした．著者はこの途中で米国留学のためこの研究から抜けたが，その後は手塚政孝氏らにより継続され，日本体育学会大会で発表したり（手塚ら，1969），本格的な研究論文としての発表がなされたりした（松本ら，1969ab）．

図1-43は主審の注視点に関する研究（支釣込足を注視）の例を示したものである（松本ら，1969b）．他の例を含めて一般的に，柔道熟練者の注視点（目付け）は，非熟練者の注視点が投げられる側の後に追随するように動くのに対して，投げられる人の背中と畳の接点に注視点が先回りして，投げの効果を注意深く観察していることが明らかにされた．注視点に関しては最近も心理学実験などで基礎的な研究がなされているが（Kokubuら，2009），今にして思えば，サッカーやバスケットボールなど，どのようなスポーツにしても，審判はボールや動作の動く先を見越して動き，正しい判定を下して

12．武道達人の「遠山の目付け」

いるように思われる．いずれにしろこの「遠山の目付け」を追った柔道研究が，スポーツ科学にアイカメラを導入した先駆けであることは間違いない．しかし残念ながら，「演算の目付けとはこれだ」という結論には，ほど遠いものであった．

13. 柔道練習中の心拍数と酸素摂取量

　懐かしく思い出される多くは「研究方法に関するもの」である．研究したくても道具がなければ不可能．その「もどかしさ」と，困難を乗り越えたときの喜びとが重なるからであろう．以下の話は柔道練習中の心拍数をテレメータで採取しようと格闘した記録である．

1）心拍数の記録は「汗」との格闘

　柔道に関する自然科学的な研究は，当時すでにいくつかなされていたが，自由に動き回る柔道練習中の心拍数（脈拍数）を記録するという研究は，やや無謀にさえ感じられた．しかし，後輩の土谷忠昭・重岡孝文両君の卒論を兼ねて柔道練習中の心拍数をテレメータで記録することに挑戦した．

　柔道練習中の心拍数は果たしてどうか．それまでの報告（小川ら，1958）では，有線で測定されていたので，自由練習とはいえない．柔道練習中の心拍数がテレメータで採れるかどうか前例のない新しい課題であった．

　心拍数は通常，電極から伸びるビニールコードを増幅器から記録器につないで記録する．しかしながら，相手と組んで道場内を動き回る乱取り練習では，コードが体に巻きついたり，コードが届かなくなったりして，結局は「その場での動き」に制限されてしまう．それでは「自由な練習（乱取り）における心電図とはならない．波形まで正確に記録することは無理でも，Rスパイクだけならテレメータを使えば何とか記録できるだろうと考えた．当時，テレメータ（無線搬送）はまだ珍しい時代で，高価なものは無理なので安価な小型のテレメータを手に入れ，軽い気持ちで実験に取りかかった．ところがそこに，心拍数記録を邪魔する思わぬ強敵が待ち受けていた．

　弁当箱のような送信器は，普通なら腰の背部につけるが，柔道では投げられたときに背中を打つので危険でもあり，送信機も壊れる．そこで送信機はタオルにくるんで腹に巻きつけることにした．アンテナは硬い金属製の棒だが，これは金属棒アンテナの代わりに，ビニール線のカバーを剥がして胴に巻きつけることにより解決．次は電極の添付である．歩く・走るといった運

13. 柔道練習中の心拍数と酸素摂取量

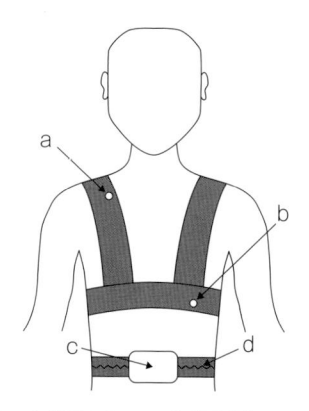

図1-44 自転車チューブ（平板）のコルセットにより心電計の電極（a, b）を抑える．腹部にタオルで巻いた送信器（c），そのアンテナ（d：裸電線）（猪飼と金子，1969）

図1-45 テレメータを装着した被験者（猪飼と金子，1969）

動なら少しの絆創膏で十分だが，何しろ柔道着を着て相手と揉みあう格闘競技である．電極を通常通り貼った上から，さらに絆創膏で厳重にとりつけた．ところが3～5分もすると電極が汗で剥がれ，Rスパイクのシグナルが途絶えた．いかにすべきか．Rスパイクを拾うだけなので第2誘導が最適である．そこで1つの電極は右胸上部に，もう1つの電極は左胴に移し，絆創膏を惜しみなく伸ばして体を横にぐるりと一周させ，絆創膏が絆創膏に付着するようにした．これでかなりよさそうに思えたのだが，やはりダメ．汗で緩んだところが柔道着で激しくこすられ，電極の位置が背中に回ってしまったり，剥がれた絆創膏の「輪」がずり落ちたりしてこれも失敗であった．

2）自転車チューブのコルセット

　失敗は成功の元．これまでの失敗を克服するには，電極の押さえを柔軟なものする必要があり，しかも電極間の距離がある程度保たれるように，という点にある．そこで考えたのが，関節を保護するのに不可欠の自転車のチューブ（袋状を裂いて平板にする）を使うことである．これを利用して，あたかもチョッキのような肩から下がる「コルセット」（図1-44，45）を作った

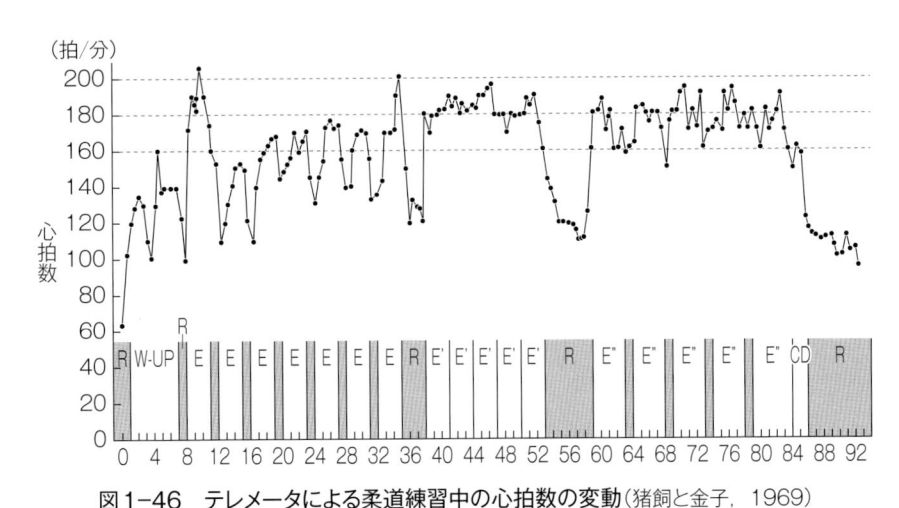

図1-46 テレメータによる柔道練習中の心拍数の変動（猪飼と金子，1969）
E：立技練習，E'：掛かり稽古，E''：寝技練習，R：立位休息
W-UP：ウォーミングアップ，CD：クーリングダウン

ところ，これは見事に成功し滅多なことでは壊れない．激しい連続練習（掛り稽古）で汗だくになっても確実にRスパイクが記録できる．おまけに寝技まで記録できた．電極に電気を通しやすくする電極糊は，練習を開始するとまもなく流れ落ちてしまうが，これに変わって塩気を含んだ汗が電極糊の代わりをつとめ，汗が味方に変わった．寝技も（やや技に制限があったが）ほとんど問題がなかった．かくして柔道練習中の時々刻々と変化する心電図記録に成功した（図1-46）．これらの結果から，柔道練習中の心拍数は，準備運動で150〜160拍/分，乱取り練習が続くと180拍/分にもなることがわかった（猪飼と金子，1969）．

3）エネルギー代謝率とメッツ

酸素摂取量の測定は，フィールドで行うといっても呼気を採取するための蛇管が邪魔になって動きを制限する．柔道の酸素摂取量を最初に測定したのは小川ら（1953）である．彼らは酸素摂取量から相対的酸素摂取率を算出して，エネルギー代謝率（relative metabolic rate：RMR）による柔道の運動強度を調べた．

13. 柔道練習中の心拍数と酸素摂取量

図1-47　柔道投技の酸素摂取量の測定（金子ら，1973）

　同じ技を5〜6回行ったときのRMRは，小川ら（1958）の報告によれば，当然ながら積極的に技をかける側（取り）が守る側（受け）より約30％大きい（強い運動）が，これは立技の場合で，寝技になると逆に「受け」のほうが「取り」よりも約50％も大きな労作となる．柔道（取り）のRMRはおよそ13.5〜18.2で，種目によって異なるが「跳腰」の4.3が最大であったという．ちなみにサッカーは6.4，ラグビーが11.1，マラソンは12〜16などの報告がある（山岡，1950）．柔道の酸素摂取量については，金子ら（1973）も小川らと同様の実験を行い，柔道練習でも「連続乱取り」ではラグビーと同等のRMRになり，心拍数が180拍/分にもなることを報告した（図1-47）．

　最近の健康づくりのための運動指針における運動強度の指標としては，基礎代謝ではなく1MET（安静時代謝）を基礎としてその何倍か（メッツ：METs）で運動の強さを示している．これは明らかにアメリカスポーツ医学会（ACSM）の方法に従ったものである．

　かつて「ヒトの適応能」をテーマとして日米共同研究が行われたとき，日米の栄養学，生理学，人類学，内科学，体力科学など7分野の学者がアメリカのサンタバーバラに集まって企画会議を行った．そこで問題になったことの1つは，アメリカ人と日本人の日常身体活動量をどう評価するか，であった．当然メッツも有力候補にあがっていたが，著者が日本には古澤（1936）の考案したエネルギー代謝率（relative metabolic rate：RMR）がある

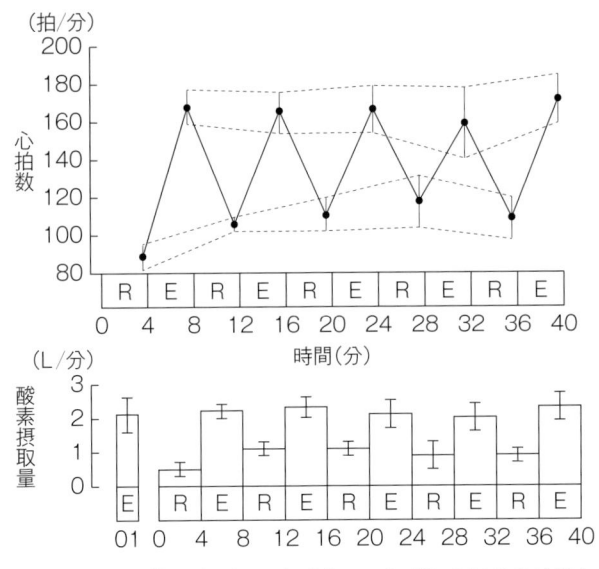

図1-48 柔道のインターバルトレーニングにおける心拍数と酸素摂取量(金子ら,1973)

ことを紹介した．すなわち，「食後十数時間を経過し，仰臥安静（ただし眠らない）にしているときのエネルギー消費量」と定義された基礎代謝（basal metabolism）を基礎とするほうがメッツより遥かに科学的であることから，RMRに決まった．後に古澤（1970）は「日本産業学会から特別講演を頼まれて生み出した苦肉の評価指標であった」と述懐しているが，いずれにしてもRMRが世界に誇る国産の立派な指標であることが証明されて嬉しかった．

今日は日本でも世界でもメッツが採用されている．やはり実用性という点ではアメリカ生まれのメッツに軍配があがるからであろう．

4）インターバルトレーニングの原則と一致

インターバルトレーニングは，チェコのE. Zátopekという偉大な長距離走者がいたことから世界に知られた．彼はドイツのW. Gershlerが考案した短距離走の反復による長距離走トレーニングの発想を採り入れて，200〜400 mを急走し，合間に緩走を挿入するトレーニング法（後のインター

バルトレーニング）を自ら工夫して，1952年のヘルシンキ・オリンピックで5,000 m，10,000 m，マラソンの三冠王に輝いた．日本にもこの理論が導入され，盛んに研究された．トレーニング・ドクター兼コーチをつとめたGershlerによれば，急走期の心拍数が約170～180拍/分，緩走期が約110～120拍/分とのことであった（Gershler, 1962）．この点は後に酸素摂取量の測定とともに再検討され，4分の運動（乱取り）を4分の休息を挟んで行えば，まさにインターバルトレーニングの原則に適合した全身持久性のトレーニングになることが確認された（図1-48）．

　近年の運動処方では，運動強度より運動量（エネルギー消費量）に注目が集まっている．当時はトレーニングの原則（強度，時間，頻度）に忠実であったが，今日では心臓病や糖尿病などの生活習慣病への対策が先決とされ，かつて一世を風靡したK.H. Cooperでさえ，遠い昔のことのように思われるようになってしまった．世の中の変転の速さと，人々の移り気（よくいえば柔軟な考え）によるものである．

余談コラム 7　「アドレナリン」と「エピネフリン」の戦い

　ホルモンの話になるといつも混乱した気持ちになっていた．アドレナリンとエピネフリンのことが，小川と永坂（2001）の著書を読んでスッキリした．まず同一のホルモンだが，ラテン語ではアドレナリン，ギリシャ語ではエピネフリン．アメリカ人はギリシャ語を好み（上等と考えている？）エピネフリンを使う．

　日本の高峰譲吉が1900年，初めて副腎髄質から出て血圧上昇にかかわるホルモンを発見し「アドレナリン」と命名した．アメリカ人のエイベル（Abel JJ）も同様のホルモンをみつけて「エピネフリン」と名付けていた．たまたま高峰がエイベルの研究室を訪問したことがあったため，「高峰が彼の方法を盗んでエイベルより先に発表した」という人たちが現れ，日本もそれにしたがう人たちがいた．しかし，エイベルの方法では結晶化ができず，高峰の方法の正しさが証明され，高峰の発見の正当性が確実となった．

　しかし，風評被害かアメリカ人の偏見か，はたまた日本人の卑屈さか．事実は素直に受け入れられず，いつしかエイベルの「エピネフリン」のほうが高峰の「アドレナリン」より有名になり，日本薬局方もアドレナリンの名を捨て「エピネフリン」に統一してしまった．アメリカ人にへつらう日本人の卑屈さからか．われわれは今でも，英語で論文を発表しないとプライオリティ（優先権）を失う現状にある．「日本語で何が悪い」と言いたいところだが，残念ながら「犬の遠吠え」と言われるのがオチである．

アドレナリンとエピネフリンの戦い

14．硬式テニスの打球速度と関節トルク

1）関節トルクを求める

わが国ではかつて軟式テニスが盛んで，硬式テニスはごく一部の人に限られていた．しかしそれが，昭和天皇と美智子妃殿下が硬式テニスをご縁に結ばれたとあって，以後は硬式テニスが急速に全国に広まった（図1-49）．ここで述べるのは，硬式テニスで打球が速い人と遅い人について，腰から上の関節におけるトルク（回転力）がどのように違うのかを調べた結果である（藤沢ら，1998）．

硬式テニスの男子部員8名の協力を得て，彼らに代わる代わる打ってもらった．打球は最初に補助員がネットのところから右端の被験者に打ちやすいボールをワンバウンドで柔らかく送る．被験者はこれをみて2～3歩ステップして構え，相手コートの左隅の対角線方向の目標エリアに向かって全力でストロークする．これを2台の高速度ビデオカメラに収録して，動作を3次元分析（DLT法）するとともに，ボール速度を測って打ち出すボールの速い「Fast群」と遅い「Slow群」に分けて，関節トルクを比較した．

一般的には，フォースプレートによる地面反力を基に，足元から順に作用・反作用の考え方で関節トルクを求めるが，本研究の関節トルク（T）は平面

図1-49　硬式テニスのフォアハンドストローク(藤沢ら，1998)

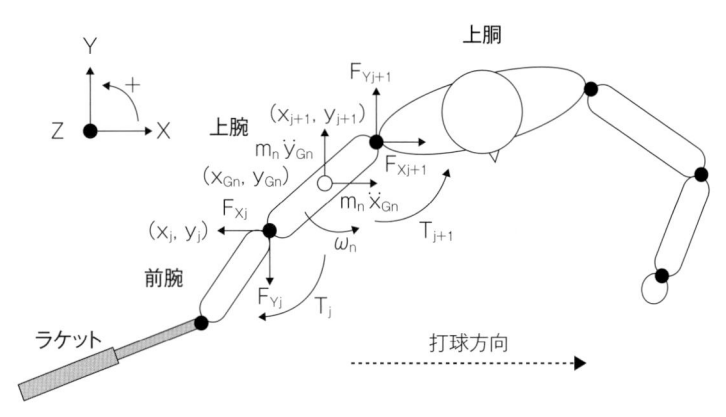

図1-50 硬式テニスのフォアハンドストロークの関節トルクにおける各部のトルク（T）と記号(藤沢ら，1998)

リンクセグメントモデル（Winter，1979）を使って計算した（図1-50）．その計算には身体各部の質量，重心位置，慣性モーメントを知る必要があるが，それには阿江ら（1990）の「身体部分係数」を利用し，ラケット，前腕，上腕の角速度（ω）や分節重心を通る鉛直軸まわりの外部トルクなどは湯ら（1989）の方法を参考に計算した．

2）打球の速さと関節トルク

打球の速さは単純にラケットの速さに関係していた．問題はこのラケットの速さと上胴の捻り，肩，肘，手首の関節トルクとの関係である．ストロークの時間経過に沿ったトルクは，Fast群とSlow群のいずれにおいても，また身体のいずれの部位においてもインパクト直前にピークに達するが，速い打球群のほうが遅い群に比べて上胴の捻転力，上肢諸関節の関節トルクのいずれにおいても，ストローク全般にわたって大きい．したがって，これらのトルクを時間積分した値は，いずれの身体部位の正のトルク（加速力）もFast群が勝り，上胴を除くすべての関節トルクで有意さが認められる（図1-51）．また詳細にFast群の個人についてみても打球の速い人ほど肩・肘のトルクが大きかった．つまり速い打球を送り出すには，肩と肘の関節トルクが重要なカギを握っているようである．しかし，手関節についてはむしろ

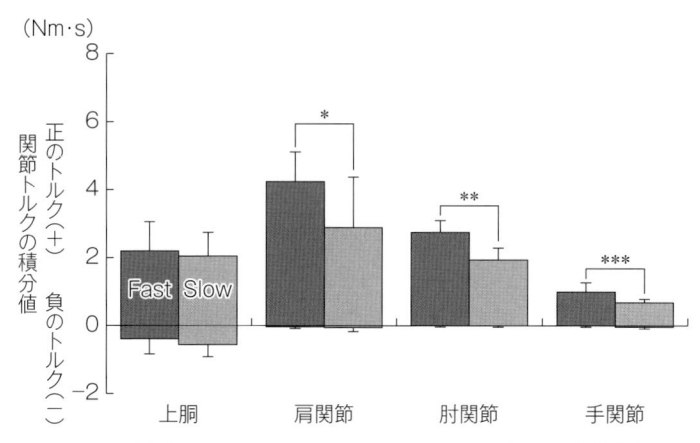

14．硬式テニスの打球速度と関節トルク

図1-51　硬式テニスのフォアハンドストロークにおける身体各部のトルク積分値(藤沢ら，1998)
横軸は，上胴，肩関節，肘関節，手関節の部位．縦軸は，打球の速いFast群と遅いSlow群における正（＋）と負（－）のトルク積分値の比較．
＊：p<0.05，＊＊：p<0.01，＊＊＊：p<0.001

逆で，打球の速い人ほど正のトルクが小さい，つまり速い打球の人ほどインパクトの瞬間に手首をよりいっそう固定しているとみられる．こうしてみると，鋭いストロークから速い打球を送り出すには，とくに肩関節と肘関節のトルク（回転力）が強力であること，インパクトの直前には手首を固定することが大切なようである．

II章　物づくりとテスト法の開発

1．筋力計を検定する器具の作製

1）計器の「狂い」は致命的

　文部省（現・文部科学省）の体力テストは，戦後，アメリカの方法に学んで導入された．握力・背筋力テストもその一部として全国的に普及した．改訂された新体力テスト（文部省，2000）では，背筋力テストが廃止されて握力テストだけになったが，大学や一般社会では背筋力テストも握力テストとともに今日なお根強く行われ，貴重な結果が報告されている．

　この筋力テストに用いる市販の力量計について疑問視する声が以前からあった．石河（1965）は，日本を代表するような機関の握力計と背筋力計の正確性を調べ，その大多数が不正確であることを日本体育学会で発表した．また，当時の「日本人人体正常数値表」（蓑島，1967）では，文部省体力テストによる握力と背筋力の結果が，「計器が信用できないから」との理由（某編集委員の証言）で除外された．

　握力計・背筋力計が不正確なものになりやすいことには理由がある．その理由は次のように考えられる．

　第1は，握力計・背筋力計が都道府県の計量検定所（元通産省管轄下）の「計量器の審査対象の計器（計器）」として認められていないこと（体重計は認められている）．

　第2は，握力計・背筋力計が計量器と認定されていない行政上の盲点にメーカーが甘え，「計器」とは言い難いような，不正確な（または不正確になりやすい）握力計・背筋力計を製造し，販売している．

　第3は，顧客の側が，「計量機なので狂いはないはず」と信じて，「較正の

1. 筋力計を検定する器具の作製

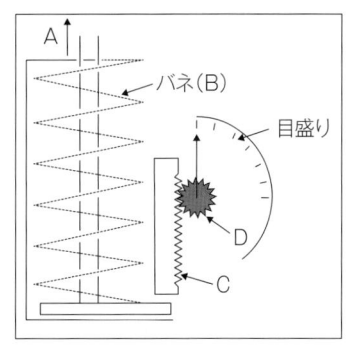

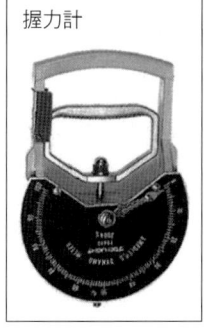

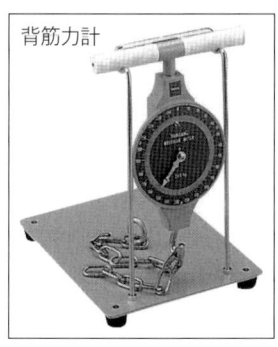

図2-1　一般的な握力計と背筋力計の基本構造(金子，1972)

必要はない」と認識し，狂ったままの計器で計測を行っている．

　某大手メーカーには繰り返し「精度の向上の必要性」を示唆してきたが，改善されるどころか，さらにデジタル表示を加えるものも販売し，電池の減りによる「狂い」を助長している．

　握力計・背筋力計の構造は（別構造の計器もあるが）一般的に図2-1のようになっていて（金子，1972）今もほとんど変わらない．つまり，Aを引き上げるとバネ（B）が圧縮され，鋸状の歯がついた棒（C）を押し上げると，Dの歯車が回転してバネの圧縮量を拡大して表示する仕組みである．狂う原因は，①バネの力がCに確実に伝わらないこと，②CとDの歯車の噛み合わせがずれること，などが主である．

　「狂い」の問題点を解決するには次の2つの方法がある．

　第1はメーカーが確かな計器（狂いやすくない計器）を製作することである．

　第2は，計器の狂いがバネの変性（一般に硬くなる）により狂った場合は，「筋力計検定器」で較正し，使用することである．某メーカーに修理を依頼したら，修理に約2カ月を要し，高額の修理費を請求されたと聞く．

　狂った計器を使用して，較正もせずに握力（背筋力）の計測をすることは，体力測定の信頼性，ひいては体育学の信頼性にもかかわる由々しき一大事と言わざるを得ない．事の重大性はまた，一般市場で誤った計量器が使用され

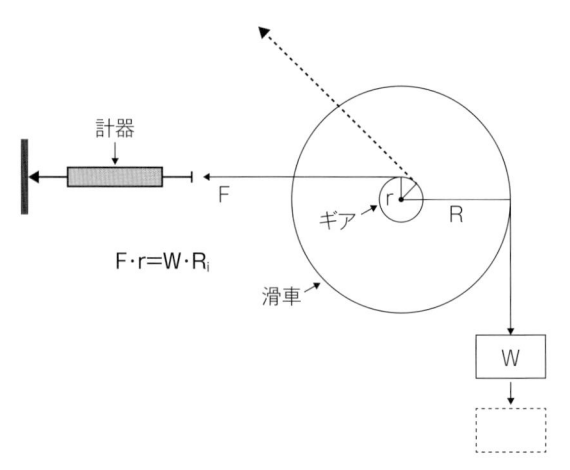

図2-2 筋力計検定器の機構(金子，1978a)

半径の異なる滑車（半径R_1，R_2，…R_5）を軸に合わせて貼り合わせ，軸棒に直結したギア（半径r）にチェーンをかける．滑車にワイヤで荷重（検定済み）を吊し，ギアの一方の端は計器に，他方の自由端はギアから下垂するものとする．このようにすれば，$F・r=W・R_i$の関係となり計器の正誤を確かめる（あるいは較正する）ことができる．

た場合を想定すれば容易に理解できることである．

2) 簡易な「筋力計検定器」の考案と復元

正しい筋力テストには，テスト前（または後）に握力計と背筋力計をチェック（較正）することが不可欠である．筋力計が完全に壊れている場合や余りにも大幅な較正が必要な場合は，廃棄するか，業者に修理を依頼しなければならない．最近ではバネの変性や力の伝達部の故障に加えて，電池でデジタル表示するものが出現し，電池切れによる狂いも生じている．

計器の表示値が狂っていても，その狂いに一定の法則性がある場合は，「検定器」を使って，正しい値と目盛りに表れた数値を照合して補正すれば，高額の修理費を払うことや長期間の修理を待たなくても済む．そのために以前（金子，1978a）の簡易筋力計検定器（図2-2）の発想をもとに図2-3，4の検定器を考案し，「計器には狂ったものが多いので検定（または較正）して使うこと」の必要性を強調した．ひと頃は多くの研究機関に備えられ，簡単に

1. 筋力計を検定する器具の作製

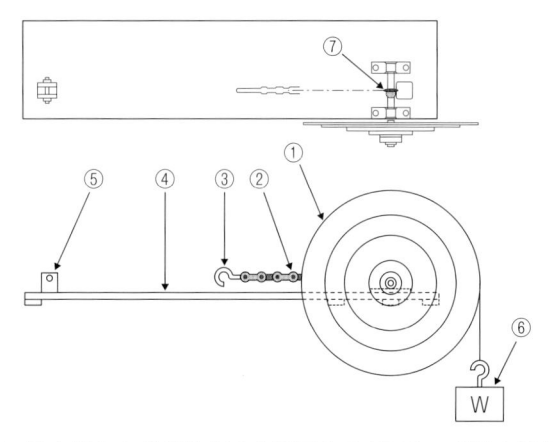

図2-3　握力計および背筋力計を較正する「握力・背筋力計検定器」
の上面図(上)と側面図(下)(金子, 1978a)
①滑車,②チェーン,③筋力計と連結するフック,④計器を載せる台,
⑤筋力計の下端を固定する留め金,⑥荷重,⑦チェーンを架けるギア.

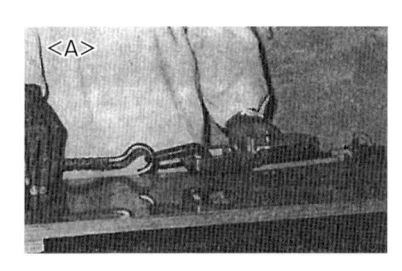

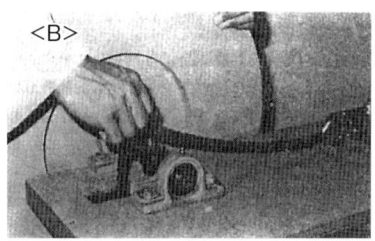

図2-4　筋力計検定器の使用方法
計器を固定してチェーンに連結し（A），左手で滑車の錘を支えながらチェーンをギアに
載せ，ゆっくり左手を緩めて錘を下垂する．チェーンの自由端は穴の下に下垂．

　較正ができることに謝意を表されたこともあった．しかし「喉元過ぎれば熱さを忘れる」の諺どおり，「較正器（検定器と称した）」はいつしか世の中から忘れられ，製造もされなくなった．

　それから約35年，下調べをすると現状は上記のように何ら改善されておらず，相変わらず「狂った計器を使った握力（背筋力）の測定」が行われていた．そこでNPO法人みんなのスポーツ協会では，上記の簡易筋力計検定器と同原理で取り扱い方も変わらないものを復元した．較正はきわめて簡単で，計

器を鎖に連結したら（図2-4A），滑車に所定の錘を吊すワイヤを滑車に巻きつけて錘を巻き上げ，左手で滑車を押さえながら鎖をギアに載せ（図2-4B），静かに滑車を押さえていた手を離す．これを2～3回繰り返し計測値（多くは誤っている）を読み取る．他の滑車にワイヤを巻けば異なった較正値が得られる．5点の較正は必ずしも必要ないが，NPO法人みんなのスポーツ協会では，この「筋力計検定器」の販売と較正の受注の両面を検討中である．信頼できる体力テストの実施が，体育・スポーツ科学に少しでも貢献できれば幸いである（詳しくはNPO法人みんなのスポーツ協会まで）．

COLUMN 8 　笑えるイタリア語

　解剖学用語にはやたらとギリシャ語やラテン語が多い．学問の夜明けを告げる言葉だとも言える．音楽用語もラテン語（イタリア語）が多い．著者は1年間ミラノ大学の生理学教室にいる間，日常生活に溶け込んだ音楽用語を使い，仕事ではラテン語かギリシャ語に漬かって過ごした．たとえば「フォルテ」は強い，「ピアノ」は「静かに」であり，アレグロもアンダンテも動きの速さを表す言葉として日常生活に溶け込んでいる．

　面白いのは数の数え方で，若者なら思わず「ウッソー」と言うだろう．1，2，3はフランス語のアン，ドゥ，トロワに似てウーノ，ドゥーエ，トレであるが，11，12，…18になると，ウンディッチ，ドウディッチ，…ディッチョットーとなる．日本語では言いにくいような卑猥な音の言葉も少なくない．形容詞の語尾の前が男性名詞か女性名詞かで変わるのがチョット厄介である．可愛いのでは「チャオ，チャオ，バンビーナ」でお馴染みの（ハイ，ハイ，可愛い子ネ）が，男ならバンビーノ，女の子ならバンビーニと語尾が変わる．しかし英語で「you isとは言わず自然にyou are」というのと同様，馴れれば自然にそうなる．

　日本人はとかく外国語を「かっこよく」話そうとするが，ヨーロッパに行くとその必要がないことが実感としてよくわかる．手真似，身振り，絵を書く…，などの手段を駆使すれば，だいたい通ずる．

　あるとき著者はガソリンステーションで車のガソリンを満タンにするため，平手を腹から顎の下へ繰り返し上げる仕草をした．すぐに理解されて何の不都合も生じなかった．要は「格好をつけようとしないこと」が気軽に外国人と付き合うコツのようである．

2.「万能筋力計」の考案と応用

1) 万能筋力計の作製

 筋力テストといえば握力・背筋力がその定番だが，スポーツ科学の関係者であれば，誰しもさまざまな身体部位の筋力を測定したいという欲求をもっているだろう．事実，発育にともなう筋力発達の経過には，筋力やパワーの発揮条件によって相違がある（Kanekoら，1987）．また，「運動不足の人は脚の筋力が弱っているのではないか」という疑問に対しては，脚の筋力と腕の筋力を測定して，脚の筋力の特性を論じたいところである．さらにもっとスポーツ動作を取り込んだ筋力測定がしたい場合は，どこかに身体を固定し，投げるフォームでの筋力や押し出す力を測ってみたいと思うであろう．そんなさまざまな筋力測定の欲求を満たす器具が欲しかった．

 そこで「単純だが工夫次第でさまざまな使い方ができる筋力計」を著者がデザインし，竹井機器工業社が製作したものが図2-5の「万能筋力計」であ

図2-5 万能筋力計
（1970年頃に著者が設計，竹井機器工業が製作・販売）

る．幸いこの鉄枠型万能筋力計は全国的に普及した．ある研究室で「これは私が設計したもの」と発言して驚かれたこともある．さまざまな器具を造ってきた著者だが，正式にメーカーと販売契約を結んだのはこれが初めてであった．

　万能筋力計は基本的には大きな鉄枠と椅子からなっている単純なものだが，その利用方法は使う人のアイデアによって多様なものとなる．鉄枠の支柱や梁には，随所に稼動して固定ができるフックと滑車があり，力の方向変換や負荷を吊すことができるようになっている．椅子は大きな水平の歯車で支えられており，ペダル1つで後ろ向きだけでなく種々の方向に向きを変えて容易に固定することができる．肘の屈筋力は上下方向にワイヤを連結して測定できるが，肘当ての高さが可変なので高く上げると（図中点線）上腕を水平前方に上げ，肘や肩関節の屈曲・伸展あるいは外転・内転の筋力が測定できる．膝関節の伸展・屈曲，外転・内転など，図の姿勢だけでもワイヤを連結する方向によってさまざまな筋力の測定が可能である．支柱に取り付けられた移動可能な滑車に荷重を吊せば，荷重法よるパワーの測定ができる．荷重ではなく固定すれば筋力測定になる．また「壁にフックが欲しい」とか「壁に穴を開けたい」といった希望も，鉄枠を利用すると叶えられる．要は使う人の工夫次第で，文字通り万能筋力計の役割を果たすものである．

2）肘と膝関節の屈・伸筋力

　長期間にわたって特定のスポーツを行っている選手には，形態や機能に何らかの特徴が生じている可能性がある．こうした関心から種々のスポーツ種目特性が研究されている．そのような中で，山崎と金子（1973）は，万能筋力計を活用して肘関節と膝関節の屈筋力と伸筋力（等尺性筋力）を測定し（図2-6），スポーツ種目による特性を知ろうとした．その結果が図2-7で，左が肘関節の屈筋力と伸筋力の関係，右が膝関節の屈筋力と伸筋力の関係である．上肢（肘）と下肢（膝）の筋力で1・2位を占めたのが柔道と陸上競技（フィールド）であるが，肘の筋力では柔道が屈筋力・伸筋力ともに第1位を占め，膝の筋力では逆転して陸上競技（フィールド）が第1位を占めた．

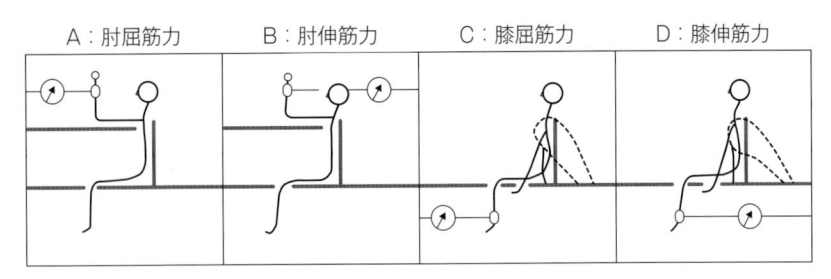

図2-6 万能筋力計を利用した静的筋力の測定(山崎と金子, 1973)

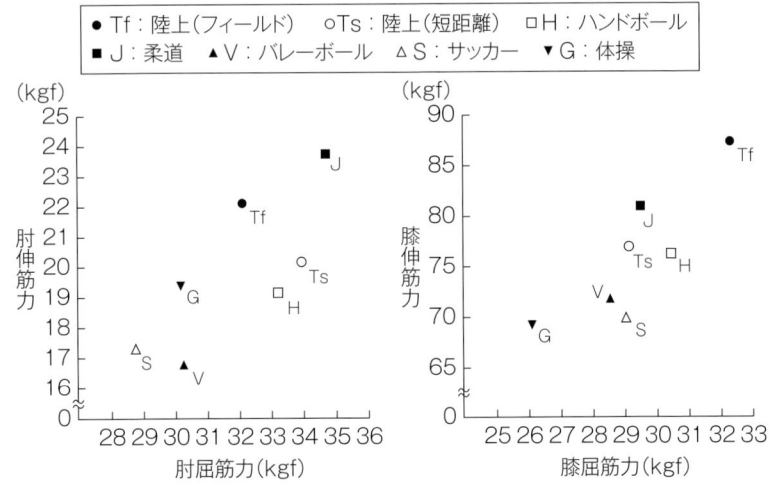

図2-7 肘・膝関節の屈筋力と伸筋力における運動部の比較(山崎と金子, 1973)

　筋力が相対的に弱い種目はバレーボール，サッカー，体操であった．しかし，筋力/体重の体重比にした分析では，体操が上位となり，柔道は下位に転じた．

　屈筋力と伸筋力の強さの比率に注目すると，肘関節の屈/伸比はおよそ1.5，膝関節の屈/伸比はおよそ0.3で，肘関節では屈筋力のほうが50％強く，膝関節では伸筋力のほうが40％ほど低い（山崎と金子，1973；淵本ら，1987）．肘関節で屈筋力が伸筋力より強いのは，人類がかつて木にぶら下がって移動した名残かもしれない．膝関節では伸筋力のほうが屈筋力より強いことは誰もが承知している．他の四足動物でも同様に伸筋力のほうが強いかも

2.「万能筋力計」の考案と応用

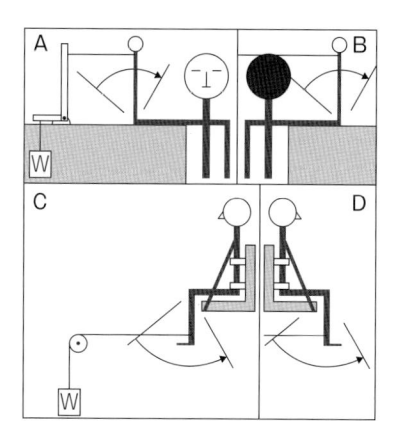

図2-8　万能筋力計を利用した動的（等張力性）筋収縮による
力ー速度ーパワー関係の測定（淵本ら，1987）
A：肘屈曲，B：肘伸展，C：膝屈曲，D：膝伸展

知れないが，ヒトの場合はとくに，2足歩行によって脚伸筋群が体重支持の役割をもっぱら担うことになって，一層の伸筋力発達を促したかも知れない．

3）肘と膝関節の屈筋と伸筋のパワー

　ヒトの直立二足歩行は，等張力性収縮による屈・伸筋群のパワーにも影響していると予想される．そこで等張力性収縮による肘・膝関節の屈筋と伸筋力のパワーが測定された（図2-8）．この実験では，（図2-6と違って）肘関節を体の側方に置いて肘の屈曲・伸展を行っているが，その理由は，肘を側方にした姿勢をとると上腕二頭筋が自然に真っ直ぐ伸びた状態になる（Hill，1922）というところからきている．

　さて，パワーは力と速度の積であるから，パワーを知るには力ー速度関係（Hill，1938）を決定することが先決で，その結果が図2-9である．等尺性筋力（最大筋力）の屈曲/伸展比については先に触れたが，肘では屈筋力が伸筋力の約2倍，膝では逆に伸筋力が屈筋力の約2倍である（図2-9のx軸との交点）．一方，最大速度（y軸との交点）では，肘の屈曲/伸展比が1.05で屈筋が5％速いに過ぎない．膝の屈曲/伸展比は（筋力と同様に）伸筋のほ

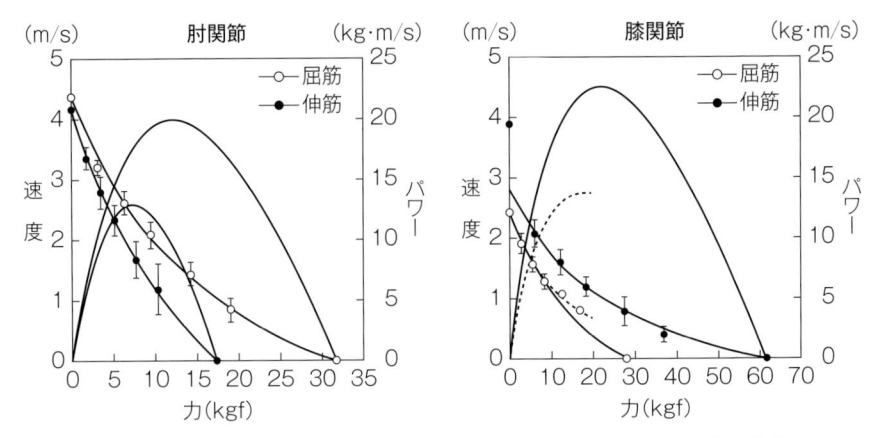

図2-9 肘関節（左）と膝関節節（右）の屈筋と伸筋における力-速度関係（凹型）と力-パワー関係（凸型）(淵本ら, 1987)

うが約30％速い．では最大パワーはどうか．肘の屈曲/伸展比は1.55で屈筋のパワーが伸筋のパワーを上回る．膝での屈曲/伸展比は0.60であるから，伸筋パワーのほうが40％ほど大きい（淵本ら，1987）．すなわち，パワーの屈曲/伸展比は等尺性筋力のそれと似ている．

4）筋力のトレーナビリティ

トレーナビリティ（トレーニングによる発達可能性）という観点からも，屈筋・伸筋群の比較研究が行われた．膝伸筋群は抗重力筋として常にトレーニング刺激というストレスに曝されている．ということは，伸筋より屈筋のほうにより発展性が残されているであろうと推測される．では肘筋群はどうか．膝関節に比べると肘関節は抗重力の役割から開放されて屈曲・伸展運動が自在にできる．となると屈筋・伸筋のいずれのトレーナビリティが大きいか，つまりどちらにより大きな発展性の余地が残されているのか見当もつかない．そこで肘筋群について調べてみることにした．

トレーナビリティを知るには，実際にトレーニングをしてみればよい．万能筋力計で等尺性収縮の肘屈筋力と伸筋力を測定し，トレーニングを日曜日以外の毎日，50日間行った．その結果が図2-10であり，その増加量を初

2.「万能筋力計」の考案と応用

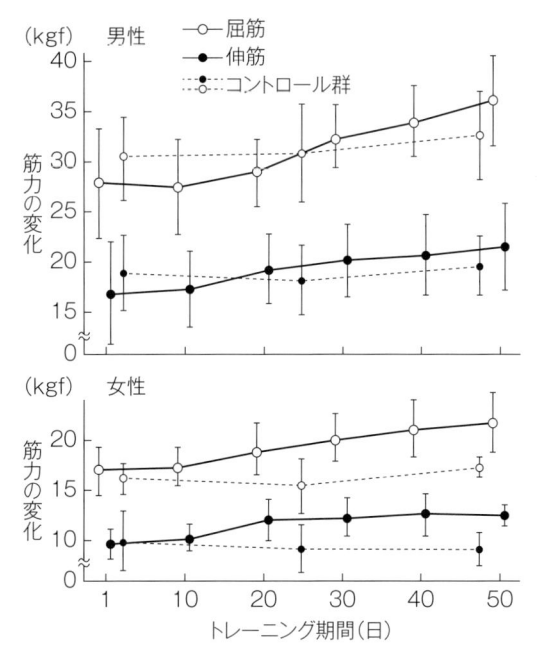

図2-10 肘の屈筋力と伸筋力におけるトレーニング効果（金子ら，1976）
男性と女性の屈筋力と伸筋力（kgf）の変化．

期値からの増加率で著したものが図2-11である（金子ら，1976）．男女ともにトレーニング群（実線）屈筋力も伸筋力も，筋力値（kgf）では明らかに増加している（コントロール群の変化は小さい）．実測値（kgf）でみる限り屈筋力の増加（男性＋⊿8.8，女性＋⊿5.1 kgf）のほうが伸筋力の増加（男性＋⊿4.8，女性＋⊿2.8 kgf）を上回っている（1.8倍）．しかし，このような筋力値（kgf）の増加から屈・伸筋力のトレーナビリティを論ずることは危険である．そこで初期値からの増加率にすると図2-11のように差異がなくなった．つまり増加率でみると，男性1.60倍，女性1.75倍で統計的にも差がない．したがって結論としては，等尺性筋力である屈筋力と伸筋力のトレーナビリティは等しい，ということになる．

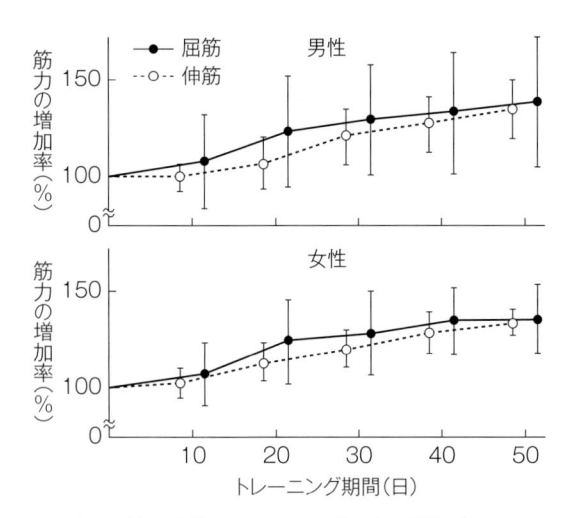

図2-11　肘の屈筋と伸筋のトレーニングによる増加率(金子ら, 1976)

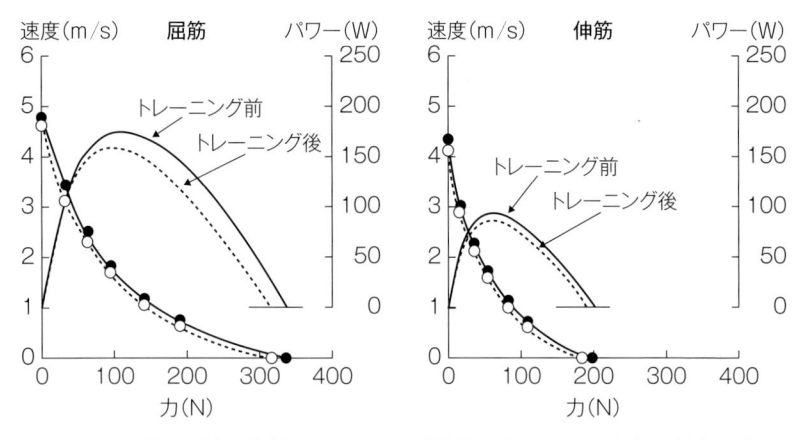

図2-12　肘の屈筋と伸筋のトレーニング前後における力ー速度関係(凹型)と力ーパワー関係(凸型)(田路, 2010)

5) 筋パワーのトレーナビリティ

　上記の屈・伸筋力の研究から34年後,屈筋・伸筋のパワーにおけるトレーナビリティが調べられた(田路, 2010).トレーニング負荷は,最大パワーの発揮される負荷(最大筋力の1/3)とし(Hill, 1938；金子, 1974b),週3日,

8週間行われた．被験者は男子大学生20名で，その結果が図2-12である．最大パワーだけでなく，最大筋力と最大速度においても，肘の屈筋と伸筋のトレーニング効果には差がみられなかった．つまりこれらの研究から，「等尺性収縮と等張力性収縮のいずれの能力においても，腕（肘関節）のトレーナビリティは同等である」と結論された（田路，2010）．

　ここに1つ反省点がある．膝関節の筋群については伸筋より屈筋のほうが大きなトレーナビリティを有するはずだと仮定したため，そのトレーナビリティに関する研究が置き去りにされた．仮定が真に妥当か否かは確かめてみる必要があるし，もし仮定どおりだとしても，どの程度の差異があるのかを実際に確かめてみなければならない．

3．「立位脚筋力計」の考案と実際

1）筋力計の仕組み

かつて Hettinger（1968）は，筋力を高めるには「最大筋力の 2/3 の筋力発揮を 1 日 6 秒間行うだけで最高の効果が得られる」としてアイソメトリック・トレーニングの方法を具体的に示し，世界に衝撃を与えた．しかしその後再検討され，「最大筋力を 1 日 5～6 回発揮するほうがより効果的である」（Hettinger，1970）と修正したが，いずにしても当時のトレーニングはアイソメトリック一辺倒であった．

静的な（等尺性の）筋力測定といえば，握力と背筋力が定番であるが，それに肘の屈筋力と伸筋力を加えれば個人の筋力の特徴がほぼつかめる．その他の筋運動にかかわる筋力，すなわち腕や脚などの多関節運動の筋力評価は簡単に測れないので，動的筋力（Ⅱ章 6 参照）によってなされるのが普通である．とはいえ，静的最大筋力はその確かさにおいて，きわめて魅力的な体力指標であることに変わりはない．

そんな中でフッと思いついたのが，立位姿勢における等尺性筋力の測定である．体重を変化させてジャンプする場合のパワーについてはすでに報告（金子，2011）したので，ここでは立位での脚伸筋力測定について述べる．

跳躍運動やスクワット運動に代表されるように，立位姿勢で脚を伸展する筋力は，「体重を支えて立ち上がる」というもっとも基本の運動であるが，そこには股関節，膝関節，足関節といった複数の伸筋群が関係する．その筋力測定が「無謀なこと」であることは，かつて座位姿勢で片脚の最大筋力を測定することに挑戦し，500 kgf 弱で（背中の痛みにより）あきらめた経験から承知していた．

そこでまず，入手可能なバネ秤で計れる「立位脚筋力計（実際の報告では下肢伸筋力）」を開発した（末井と金子，1977）．図 2-13 は，その測定風景（左）と仕組み（右）を示したもので，テコの原理を利用した点がミソである．右図で説明すると，まず被験者が上のレバー左端の所定の部位に両肩を当て，F の力で押し上げると，それが被験者のすぐ前の鎖で下のレバーに伝

3.「立位脚筋力計」の考案と実際

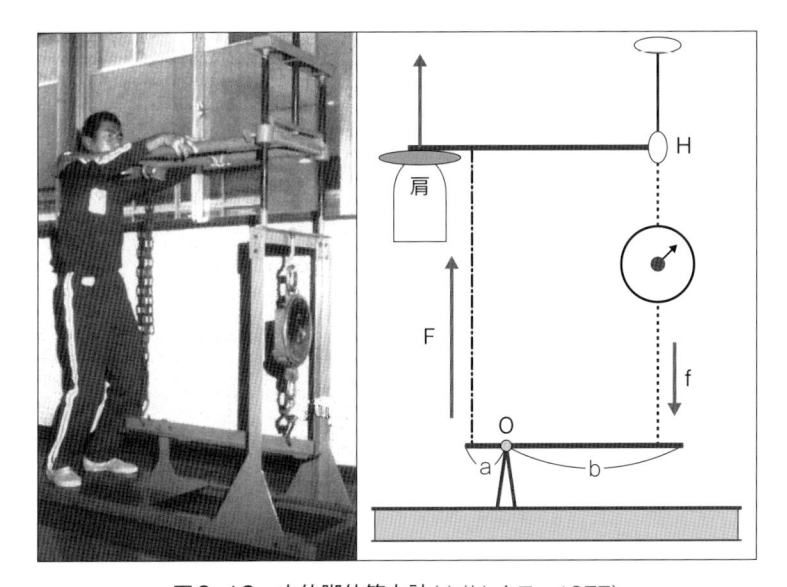

図2-13 立位脚伸筋力計(末井と金子, 1977)
脚伸筋力（F）が支点Oのテコ作用で秤にf（=Fa/b）として伝わる．Hは被験者の肩の高さに合わせて調節する．

わる．下に伝わった力はO点を支点とするテコ（a：b=1：4）によって1/4に減じて丸型バネ秤（100 kgf仕様）を下方に牽く．肩の高さは個人によって異なるので，可変のHを調節する．問題は押し上げるときの肩の痛みである．レバーを2本にして両肩で押すようにしたのはそのためであり，肩とレバーの間には厚さ3 cmのフェルトを巻いて，できる限り肩の局部的な痛みを和らげるようにした．

2）測定の方法と「関節角―筋力関係」

被験者は工業大学の男子学生9名．両足を1足長に開いて肩をシッカリ当てる．このとき膝関節の角度を30，40，50，…150度と変化させることにして，各角度でそれぞれ5回ずつ測定した．その結果が図2-14である．個人の値が点線で，太線が平均値である．種々膝関節角における立位脚伸筋力などという結果は他に例をみない．

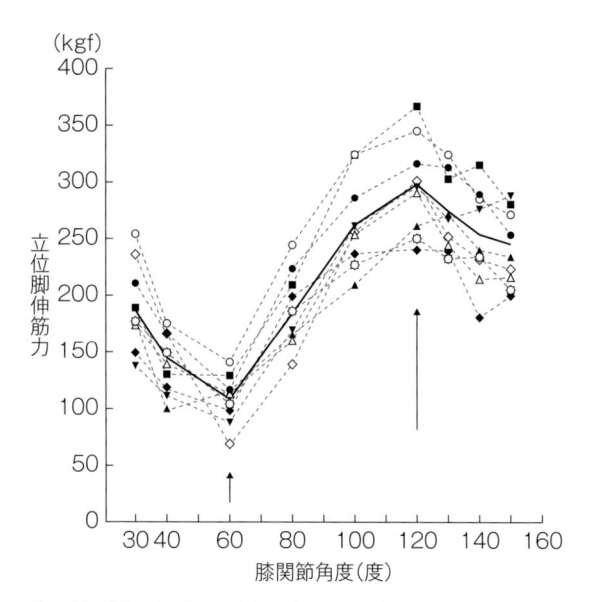

図2-14　膝関節（後面）角に対する立位脚伸筋力の変化(末井と金子，1977)

　まず，左端の膝角が30度では150〜200 kgfが出るのに，膝角が60度になると100 kgfに減る．ここを最弱点として，それより脚が伸びるにしたがって脚力は増加し，膝角が120度あたりで最高値が出現する．それ以上の膝角でも力は減少する．最高値の値は約300 kgf，すなわち最低値の3倍である．なお筋電図をみると，30〜60度は膝伸筋群が顕著に働き，それより膝が伸びるにしたがって大殿筋と腓腹筋の働きが増大する．

　この測定結果を学会で報告したとき，「それが本当の脚伸筋力だとお考えか？」との質問がでた．その質問はすでに織り込み済みであった．質問者の真意は，「潜在的な脚伸筋力はもっと大きいのではないか」という点にある．われわれも300 kgfが真の最大筋力だとは思っていない．多分，肩の痛みや脊柱の圧迫による限界値なのかも知れない．ただし，この結果から言えることは，第1に，どの被験者の筋力も同じパターンで変化しているので，この測定法の信頼性が高いこと，もう1つは「この方法で測ることができた力」という条件がついていることである．最大筋力とは，ある条件下で「被験者

が全力を発揮したときの力」である．つまり本人が「最大です」といったら「最大」なのである．最大筋力は朝晩で変わるし，その他の条件でも変わり得るものなのである．

　重要なことは，実際の運動 (たとえば短距離走のスタート，ラグビーのスクラムなど) の場合に，膝が60度くらいに屈曲していると強い力が出せないので，120度くらいに伸ばせば強力な力が発揮できる，ということである．真の筋力か否かも大切な問題だが，この結果を基にその応用法を考えることのほうが実際的である．

4. 体捻転力計の作製と応用

1）体捻転力（トルク）測定器の工夫

かねてより不思議に思っていたことだが，なぜか筋力テストには握力，背筋力，肘屈筋力，肘伸筋力，（前節の）スクワット筋力など，いずれも体（一部または全身）を屈曲または伸展するものばかりで，「捻る（体捻転）」という動作の基礎になるような筋力テストやパワーテスト法がない．しかし考えてみるまでもなくヒトの日常生活やスポーツ競技には，「体を捻る」という動作がきわめて多い．陸上競技では砲丸投げ，円盤投げ，槍投げなどの投てき種目がそうであり，テニスなどのラケットスポーツ，ゴルフ，柔道など枚

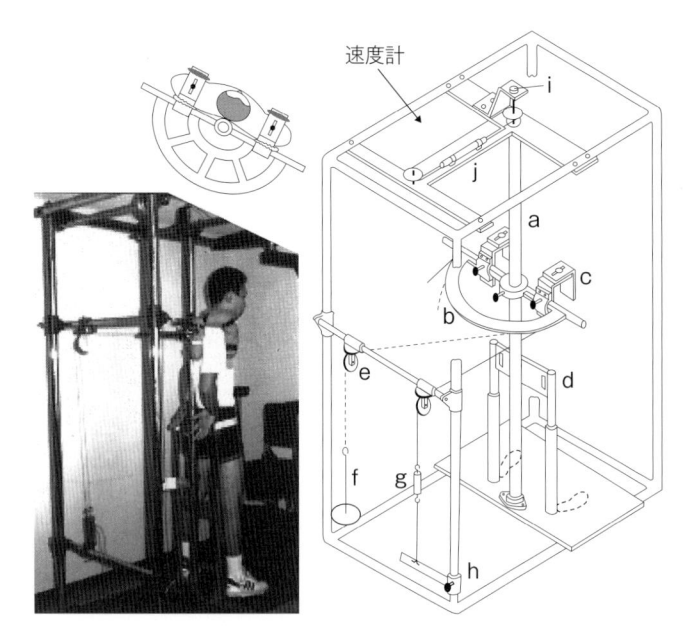

図2-15　体捻転トルク・パワー測定器(金子ら，1990)

左図のように被験者は立位姿勢で，右図記号の回転軸（a）と半円プーリー（b）に連結する肩当て（c）で両肩を固定，腰も固定（d）する．パワー測定では荷重（fにセット）を小滑車（e）を介して半円プーリーに直結し，上体を最大速度で捻転する．このときの角変位を頭上のゴニオメータ（i）で記録し，速度を直線型スピードメータ（j）で記録する．種々の捻転角における等尺性筋力（トルク）は，張力計（ロードセル：g）の高さ（h）を調節して固定し，計測する．

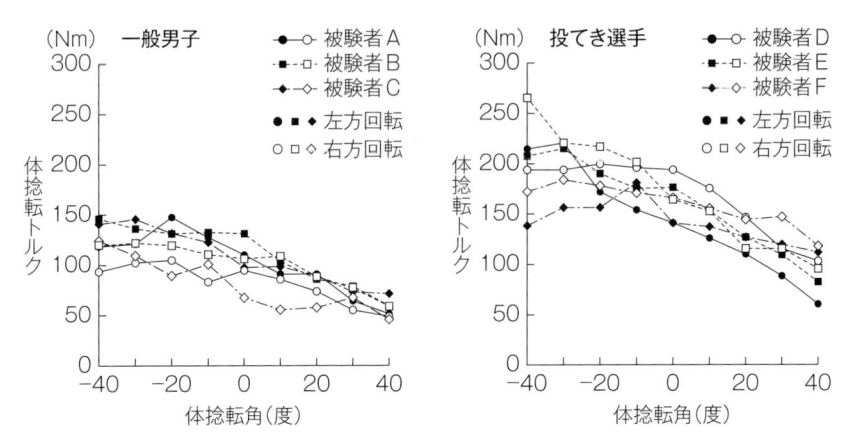

図2-16 体捻転トルク（等尺性筋力）と体捻転角による変化(金子ら，1990)
投てき選手のトルクが一般男子より明らかに大きい．右方（左方）回転は上方からみた方向．

挙に暇がない．そこで中国の留学生・劉天庚氏とともに体捻転のトルクとパワー測定装置をつくり（図2-15），いろいろな種目の運動部員の測定を行った（金子ら，1990・1991）．

装置の作製には，著者らが以前考案した万能筋力計（竹井機器工業製）を利用した枠組みとし，その中央に体捻転用の鉄柱を立てて（a），半円形のプーリーを取り付けた（b）．被験者が背中を鉄柱に当て，立ったところで肩を固定する（c）．肩の上には十分なフェルトをかぶせ，固定した．腰もベルトで固定する（d）．この姿勢での体の長軸まわりの回転トルクとパワーを測ることになるが，静的トルクは，半円プーリーの周縁から伸びるワイヤの巻き付き具合を固定クリップ（h）で種々の高さに変え，いろいろな角度での静的トルクを張力計（g）で測る．パワー測定の場合は，体捻転を全力で行うことによってプーリーを回すと，荷重（f）が滑車（e）を介して引き上げられる．このときの体捻転速度は，上方（頭上）に取り付けたゴニオメータ（i）と直線型の速度計（j）により計測する．体捻転が右から左方向になされる場合は半円形のプーリー周縁にワイヤをかけ，反対方向なら逆の左側にワイヤをかければよい．これで半円プーリーが水平に回転する方向の体捻転が右方向でも左方向でも測定できる仕組みである．

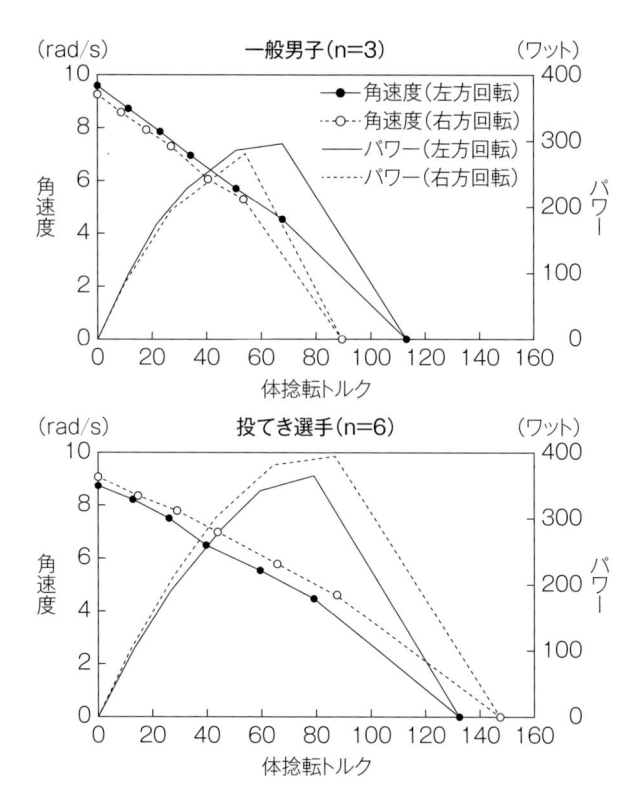

図2-17 体捻転トルク(N)に対する体捻転の角速度(rad/s)(右下り直線)とパワー(ワット)(上に凸型)の関係(金子ら, 1990)

2) 投てき選手の体捻転トルクとパワーの不思議

図2-16は,体捻転角に対する体捻転トルク(等尺性筋力)の測定結果である.一般男子(上段)と男子の投てき選手(下段)共通に,体捻転角は0度(正面)まではやや低下し,それ以上に捻転する(+)と明らかに低下する.一般男子では3名に共通して「左方回転＞右方回転」である.つまり,正面より右を向いている姿勢から左方向に捻転する力(トルク)のほうが大きい.ところが投てき選手では,1名は左右同程度だが,3名中2名には「左方向＜右方向」という(一般男子とは異なる)傾向がみられた.選手の全員が右利きで,投てきするときには左方向に体を回転させて投げる.ならばその方

向（すなわち左方回転）のトルクが勝るのではないかというのが第一感だが，事実は逆で，投げ動作の回転とは逆の右方向の捻転力が勝る，という結果であった．

　投てき選手のトルクにみられたこの特徴（左方回転＜右方回転）は，肩の回転速度とパワーにおいても同様で，一般男子とは逆に，投てき選手では右方回転のほうが左方回転を上回っていた（図2-17）．この投てき選手における体幹捻転筋が，予想とは逆の方向であることは予期せぬ結果である．すなわち，投げる方向とは逆の右方回転のトルク，速度，パワーが大きいという結果について，投てきのコーチに尋ねた．するとしばらく思案して「あり得ることですね」と答えた．投げ動作で肩を速い速度で回転させるには，腰と胴の下部を右方向に強く捻って固定する必要があるため，というのがその理由であった．つまり，ゴルファー（右利き）が鋭いスイングをするときに体の左側の回転を止める（俗に「壁をつくる」という）のと同じ理由だと推察された．なるほど，体を捻って速い肩回転を引き起こすには，腰と下胴の回転を固定する必要がある．投てき選手の右方回転のトルクやパワーが強いのはそのためかも知れない．もっと簡単な例は，肘を伸ばして腕を動かしてきたとき，急に上腕だけを止めると前腕がすばやく回転する．これと同じことだという理屈である．「事実は小説よりも奇なり」の一例である．

余談コラム ⑨ 難しい学術用語（術語）の統一は困難

　バイオメカニクスには力学，解剖学，生理学が欠かせない．したがって講義を基礎から始める場合は解剖学を避けて通れない．あとに続く身体運動の部位名がわからないと「ココ，アソコ」などと言わざるを得なくなるからである．しかし解剖学名の話で学生に常に注意を促すのは，「用語が理詰めにはできていない」ことである．上肢の名称で，上腕なら下腕と言いたいところが前腕だし，大腿には小腿と言いたいところが下腿である．つまり大小，上下といった対照が無視されている．英語でも同様，upper arm（上腕）に対しforearm（前腕），thigh（もも）にはshank（すね）とくる．

　こうした学術用語統一のための努力が以前からなされており，生理学用語集，解剖学用語集，解剖学名集覧，整形外科学用語集など多々あり，必ずしもすべてが一致しているわけではない．「筋肉」は「筋」が述語として正しく，頭蓋骨は「とうがいこつ」と読むべきだと教わった．しかし最近では「筋肉」も「ずがいこつ」も市民権を得たようである．ただし分野にもよるし，時代（改訂）にもよる．たとえば生理学用語集でisotonic contractionは「等張性収縮」であったが，一時「等張力性収縮」となり，その後の改訂でまた元にもどった．

　医学用語の複雑さは計り知れないほど奥が深く，デリケートな問題を含んでいる（小川と永坂，2001）．述語も日常用語と同様に生き物であって，簡単には統一できない，ということらしい．

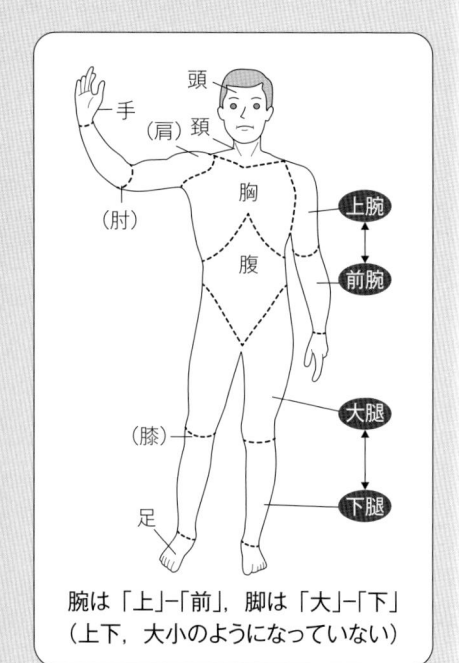

腕は「上」-「前」，脚は「大」-「下」
（上下，大小のようになっていない）

5.「足関節屈伸筋力計」の工夫と製作

1）踝（くるぶし）を回転軸とする工夫

歩行のテストで訪問したある施設のベテラン看護師さんが一言,「長生きするには歯と足腰の強さが大事ですね」と言った.著者は得心し,以来,歯科の定期健診をまじめに受け,毎日1時間の散歩を欠かさず,足腰の強化にも励むようになった.「紺屋の白袴」ではいけない.高齢者の膝伸筋力が60歳以後に低下することは報告済みだが（Kanekoら,1991），足関節については手付かずのままであった.それは測定の難しさがあったためで,足関節の回転力（トルク）やパワーを測るのに,踝（くるぶし）を中心として回転する仕組みの装置が上手くできなかったからである.しかしそれが図2-18のような形で実現した.踵の外側を回転軸とした測定なら簡単だが,われわれは「踝が回転軸となること」にこだわった.つまり足を載せた舟形の箱が,踝の外側から支えられて回転する仕組みである.その側面には約10 cmの

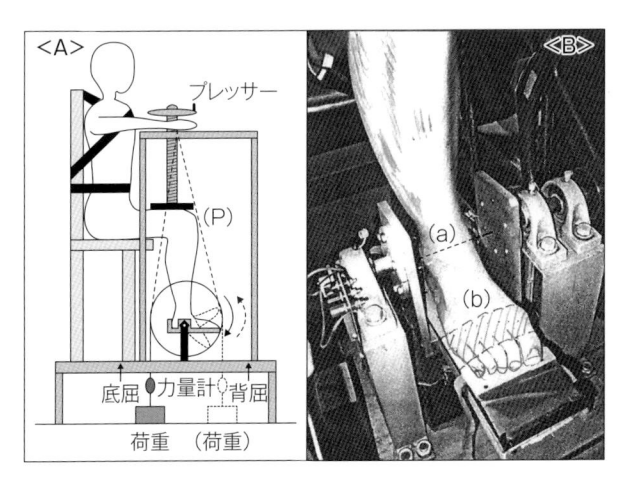

図2-18 足関節の屈曲・伸展筋力（トルク）と屈曲・伸展筋パワーの測定装置
加藤ら（1998）が<B>作製し（P方向にプーリーを固定して筋力を測定），田路と金子（2012）はこれを<A>のように改変し,荷重負荷法によりパワーを測定した.

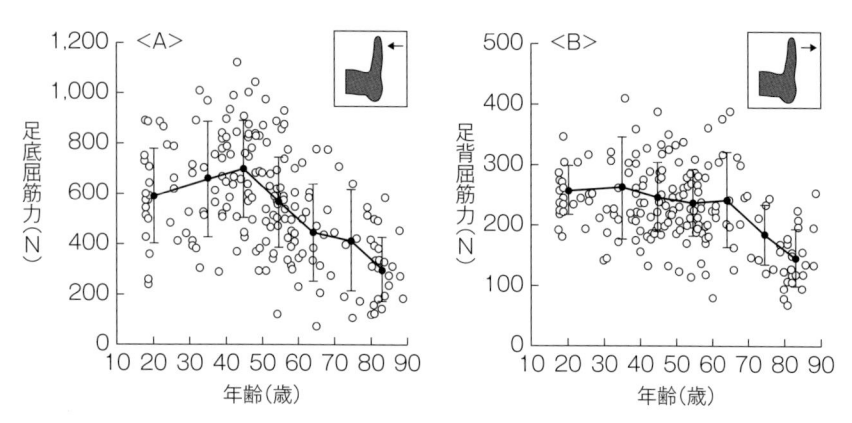

図2-19 アイソメトリック収縮による足底屈筋力と足背屈筋力の加齢変化(加藤ら, 1998)

プーリーを取り付け，その周縁にワイヤを巻いて，筋力（トルク）測定ではワイヤを固定し，パワーの測定ではワイヤに荷重をかける仕組みである．足底屈力の発揮にともなって発生する膝（踵）の強力な浮き上がりを抑えるため，あらかじめ圧搾機の機構で（クッションを間に挟み）膝を上から圧迫しておいた．この測定器1号機は，加藤ら（1998）が作製して筋力測定に使用したものを，後に田路と金子（2012）が一部改良してパワーの測定に用いた．

2）足関節の屈曲・伸展筋力の加齢変化

まず，足関節の前面角が90度のときの屈筋力（足底屈筋力）と伸筋力（足背屈筋力）を力量計により測定することにした．その結果が図2-19である．足背屈筋力＜B＞では60～70歳頃から明らかに低下する傾向がみられるが，足底屈筋力＜A＞では，40～50歳頃から低下することがわかる．実はこの研究（加藤ら，1998）では，筋力のほかにも種々の体力測定を行っている．超音波法で測定した筋の厚み（筋厚）は，その低下がわずかであったため，筋力/筋厚比の年齢にともなう変化が筋力低下と同じような傾向を示したと報告している．また興味深いことに，この足関節の筋力（底屈筋力，背屈筋力ともに）は，垂直跳やシャトル・スタミナテスト（SST，後述）の成績と高い相関関係にあったとしている．

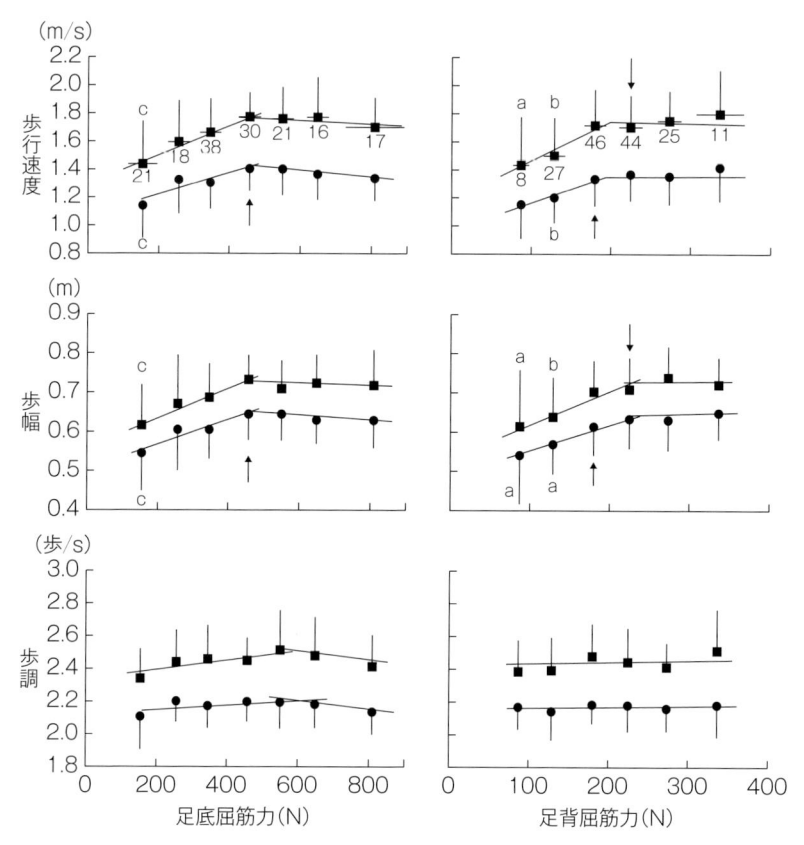

図2-20 足底屈筋力と足背屈筋力に対する歩行速度，歩幅，歩調の変化（淵本ら，1999）

3）歩行能力と足関節筋力の関係

　足関節の底屈筋力と背屈筋力が，歩行能力にどのような影響を与えるのかも調べられた（淵本ら，1999）．この研究の被験者の年齢は40歳から89歳までの広がりをもった100余名である．図2-20はその報告の一部で，左が足底屈筋力，右が足背屈筋力に対する歩行能力の関係を示している．図中のプロット付近にある数値は被験者数を示す（各プロットを結ぶ線は著者が記入）．

　まず歩行速度の変化（上段）をみると，足底屈筋力が400 N以下に低下（左に移動）すると歩行速度が低下すること，その原因が主として歩幅（中

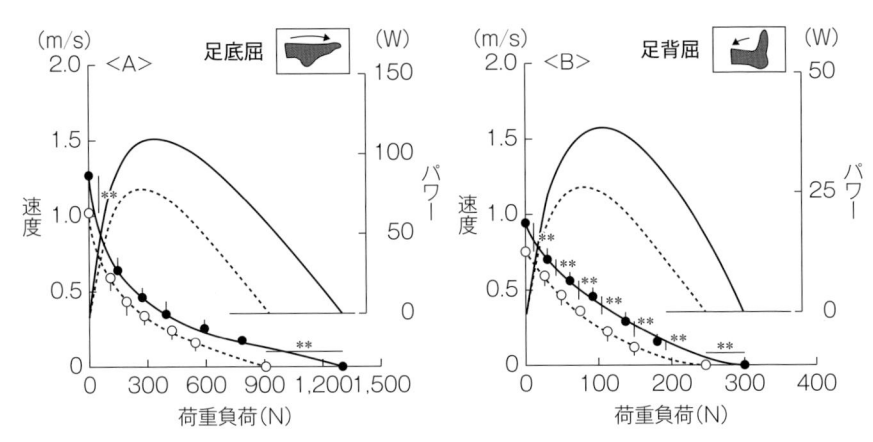

図2-21 動的な足底屈と足背屈による負荷-速度関係(凹)とパワー(凸)
(田路と金子, 2012)

段)の低下にあることを示している(なお,単位のN(ニュートン)の約10分の1がkgf(重量キログラム)である).足背屈筋力(右側)は,200 N(約20 kgf)以下になると,歩行速度が低下しはじめ,その原因が歩幅の低下によるものであることがわかる.

4) 足関節のパワーを測る

足関節筋の研究は等尺性筋力(加藤ら,1998)から,装置の改変を含めて田路と金子(2012)に引き継がれ,パワーの測定がなされた.図2-21は高齢者の足関節パワーを若齢者と比較したもので,荷重負荷-速度曲線をみると,年齢による足差異(高齢者<若齢者)は足背屈<B>のほうでより明瞭であり,足底屈<A>では無負荷と最大筋力に差がみられるだけである.最大パワーの比較では,高齢者の最大パワーが足底屈・足背屈ともに若齢者の約70%であった.また,同研究では超音波で筋厚をはかり,パワー発揮にともなう筋電図も調べたところ,高齢者の問題点は神経機能の衰えよりもむしろ筋肉の衰えのほうが著しかった.この結果からも,高齢者の転倒予防には,足首の筋力の強化が大切であることが伺われる.

6．動的最大筋力（1RM）と相対負荷（％1RM）の推定法

1）動的筋力（1RM）がなぜ重要か

　筋力トレーニングの負荷強度は一般に，「最大筋力を基準（100％）にその割合」で処方することになっている（Hettinger, 1970）．たとえば，膝の伸筋力をトレーニングするには，膝伸筋の最大等尺性収縮を1日5〜10回行う（Hettinger, 1970）といった具合である．また，瞬発力のトレーニングには最大筋力の1/3，筋持久力のトレーニングには最大筋力の1/4かそれ以下が適当といったことが高校の保健体育教科書に書かれている（表2-1）．

　しかし，最大筋力は同じ筋群でも関節角度によって変わる．たとえば，フルスクワットでの筋力は，先の図2-14のように変化するので，どの関節の最大筋力を基準（100％）にすべきかが決め手となる．膝関節60度付近でフルスクワットのトレーニングを行った場合では，最大筋力が最低であるから，処方された負荷が大きすぎて持ち上げられない場合が出てくるし，逆に120度の最大筋力を基準として負荷を処方すれば，負荷が軽すぎると十分に大きな負荷とならない．要するに，アイソメトリック収縮の筋力はアイソメトリック・トレーニングには都合がよいが，動的なアイソメトリック収縮によるウエイトトレーニングには不都合だといえる．

　幸い，福永と杉山（1978）の研究がこの点を結んでくれる．彼らは，2つに分けたグループの一方には静的筋力トレーニングを，他方には動的筋力トレーニングを行わせ，筋力テストも静的および動的（最大）筋力を行った．

表2-1　静的トレーニングの強度と時間

最大筋力に対する割合で示したトレーニング強度（％）	必要な筋収縮時間（秒）
40〜50	15〜20
60〜70	6〜10
80〜90	4〜6
100	2〜3

(Hettinger, 1970)

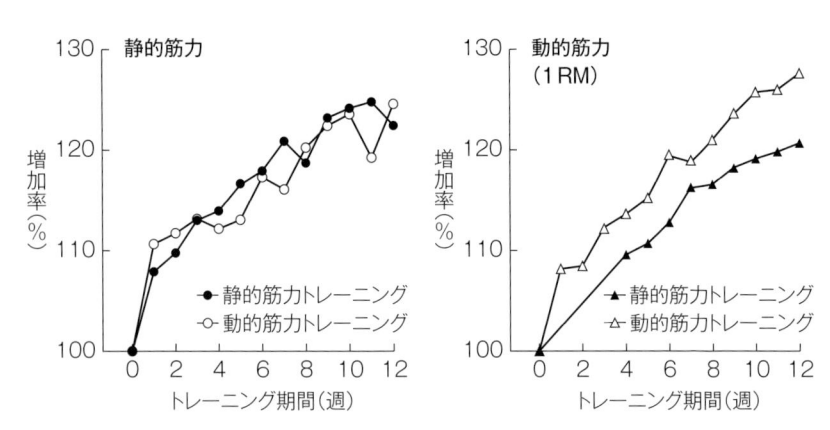

図2-22 静的筋力（左）と動的筋力（右）に及ぼす静的筋力トレーニングの効果と動的筋力トレーニングの効果(福永と杉山, 1978)

その結果が図2-22である．すなわち，静的筋力に及ぼす効果では，静的トレーニングでも動的トレーニングでも差がなく，同等の効果を期待することができるということを意味している．動的筋力に対する効果に差が出た理由は不明だが，何か「動き」に関係する要因（神経支配など）によるものと思われる．いずれにしても，静的筋力の向上を図るトレーニングとしては，静的（最大）筋力を100％とした処方でも動的（最大）筋力を100％とした処方でも効果は同じだということになる．

著者らはこの点を早期に予想し，動的トレーニングには動的最大筋力（1 repetision maximum：1RM）を推定して，これに基づいてウエイトトレーニングを処方すべきであることを提唱した（伊藤ら，1977；金子，1978b；田路ら，1979）．これと同様の研究が，Mayhewら（1992）とScanlanら（1999）により報告されている．

2）相対負荷（％1RM）の簡単なみつけ方

荷重負荷と最大反復回数の間には，指数関数で表されるような法則性のあることが以前からわかっていたので（加賀谷，1970），これを利用してまずは種々負荷条件での最大反復回数を5種目のウエイトトレーニングについて調べた．

6. 動的最大筋力（1RM）と相対負荷（%1RM）の推定法

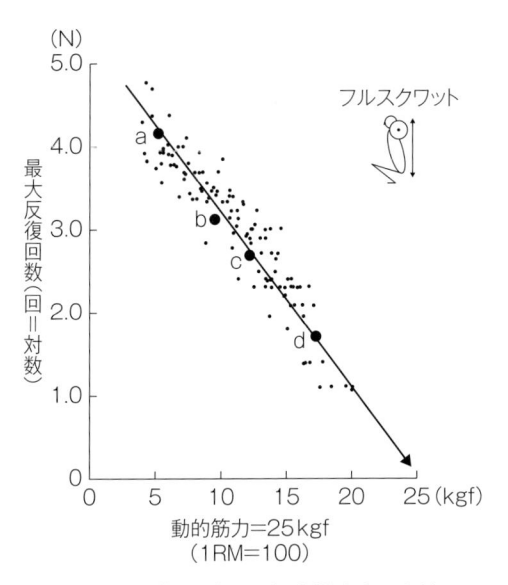

図2-23　最大反復回数から動的筋力（1RM）を指定する方法(伊藤ら, 1977)

手続きは簡単．各負荷（P：kgf）での最大反復回数（N：回）の数値を対数の値（lnN）に置きかえ，負荷（kgf）との関係をプロットすると，次の一次関数の式（1）が得られる．

$$\ln N = -aP + b \quad \cdots\cdots (1)$$

この関係をフルスクワットでみたものが図2-23である．なお「kgf」の単位は，通常「体重60キロ」という場合の重量負荷（キログラム）に相当する国際単位（暫定記号）である．

図2-23の回帰直線を求めたら，外挿法により横軸と交わるところまで直線を延長すると，その交点が最大動的負荷（1RM，kgf）となる．図2-24は5種目のウエイトトレーニング種目について，式（1）で求めた値の荷重負荷を動的最大筋力に対する割合（%）とし，反復回数の対数を正数に戻した式（2）に基づく曲線である．

$$N = -a(P \times 100 / P_0) + b \quad \cdots\cdots (2)$$

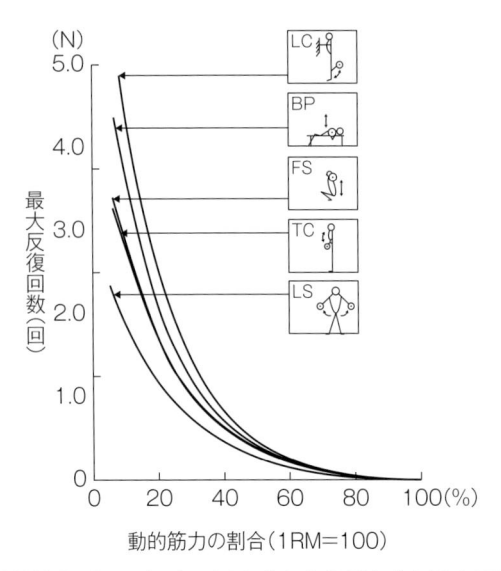

図2-24 動的筋力（1RM）を100％とした相対負荷と最大反復回数の関係
（金子，1978b；田路ら，1979）
LC：レッグカール, BP：ベンチプレス, FS：フルスクワット, TC：アームカール, LS：ラテラルレイズスタンディング

表2-2 最大反復回数から推定される動的筋力トレーニングの負荷

トレーニング強度 （1RMに対する割合）	最大反復回数	期待される効果
2/3RM以上	1〜15回	筋力の向上
1/3RM	15〜30回	筋パワーの向上
1/4RM	30回以上	筋持久力の向上

（金子，1978b）

　この関係から動的最大筋力（1RM）を＜100％＝1＞とし，種々の研究成果をふまえて大まかな処方箋を導いたものが表2-2（金子，1978b）である．すなわち，1RMの2/3以上の負荷は最大反復回数が1〜15回となる負荷であるため，筋力の増大が期待できる．同様に1RMの1/3の負荷であれば最大反復回数が15〜30回となり，その負荷での全力発揮によって筋パワーの増大ができる．また，1RMの1/4の負荷は最大反復回数が30回以上となる

6. 動的最大筋力（1RM）と相対負荷（%1RM）の推定法

負荷で，その負荷でのトレーニングにより筋持久力の向上が期待できる，という意味である．回数の中間帯は，いずれかの重点要素側の負荷とすればよい．これと類似した表が，特別な説明もなく学校教科書に掲載されているが，その背景には上記のような事情があったのである．

余談コラム 10 「ルーの法則」がトレーニングの原理

　トレーニングの科学は，いわゆる身体教育をいかに科学的・効果的に行うかである．

　その元祖をSteinhaus（1963）の名著「Toward an Understanding of Health and Physical Education」に尋ねると，どうやらRouxがトレーニング科学の元祖のようである（山崎，2006）．著者はトレーニングに関する有名なSteinhaus（1955）の総説を承知していたし，Morpurgoの犬の実験が1897年なので，元祖はてっきりMorpurgoかと思っていた．

　Steinhausによれば，Rouxは競技者による筋の発達の違い，筋の大きさと太さは仕事総量よりむしろ単位時間当たりの仕事（パワー）に関係していること，つまり，運動は量より質（強度条件）が重要であることをマラソン走者とスプリンターを対比してわかりやすく説明した．つまりスプリンターの太い筋は運動強度が高いことに起因するという理由である．また，競技者により筋の発達する部位も異なることに言及した．またMorpurgoは，最初に「活動性肥大」や「機能が形態をつくる」という考え方を生物学の概念として広く認めさせたという．

　Rouxの法則として一般に知られているのは，「筋は使わずにいると次第に細くなり，萎縮を起こす．一方，適度に使用していると太くなり肥大する．過度に使いすぎると障害を起こして戻らなくなる」（山崎，2006）という法則を確立したことである．

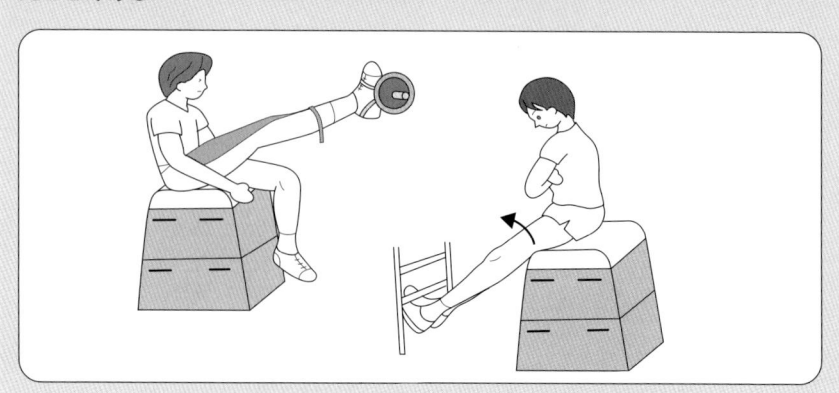

7. 各種運動における小学生の最大反復回数（1RM）

1）筋力トレーニングへの応用法

　運動処方におけるもっとも簡便なトレーニングの負荷設定法は，最大反復回数（1RM）を測定することによって推定できることを述べた（前項，表2-2）．このような運動負荷処方は，主としてバーベルやダンベルを用いたウエイトトレーニングを行うときに用いられるが，その他の日常運動にも応用できる．つまり，最大反復回数を測れば，動的最大反復回数からその運動に関与する筋群の最大反復回数を推定できる，ということである．それは大人だけでなく，子どものさまざまな筋運動にも当てはまる．

　たとえば，鉄棒の屈腕運動で，ある子ども（A君）が7回できたとしよう．ということは最大反復回数が7回である．この回数を前項の表2-2に照らすと，相対負荷が2/3以上に該当するので筋力トレーニングに適していることになる．また，もし別の子ども（B君）の最大反復回数（1RM）が18回だとすれば，その相対負荷は1RMの1/3になるので，B君の鉄棒屈腕運動は筋パワーのトレーニングに好適だということになる．

　負荷は体重であるから簡単に変えるのは困難なことが多いが，B君が同じ鉄棒屈腕運動で筋力トレーニングをしたいのであれば，体重に何らかの方法で負荷を加えればよい．また先のA君が体重負荷を軽くして，パワートレーニングの負荷を得たいのであれば，たとえば低い鉄棒での「斜め懸垂」を用いるとよいかもしれない．また，いわゆる腕立て伏臥腕屈伸の負荷が重過ぎる場合は，膝つき腕立て伏臥にするのもよい．

2）年齢・性と最大反復回数

　このように，運動負荷が子どもの筋力トレーニングに好適か否かをそれぞれの子どもの反復回数から知ることには意義があり，簡単なことである．そこで1つの試みとして小学生（6〜11歳）1,346名を対象に，16種目の運動を選び2秒に1回のテンポで最大反復回数を調べた．その結果をわかりやすく示したものが図2-25である（金子，1978b）．この図はグループ平均で

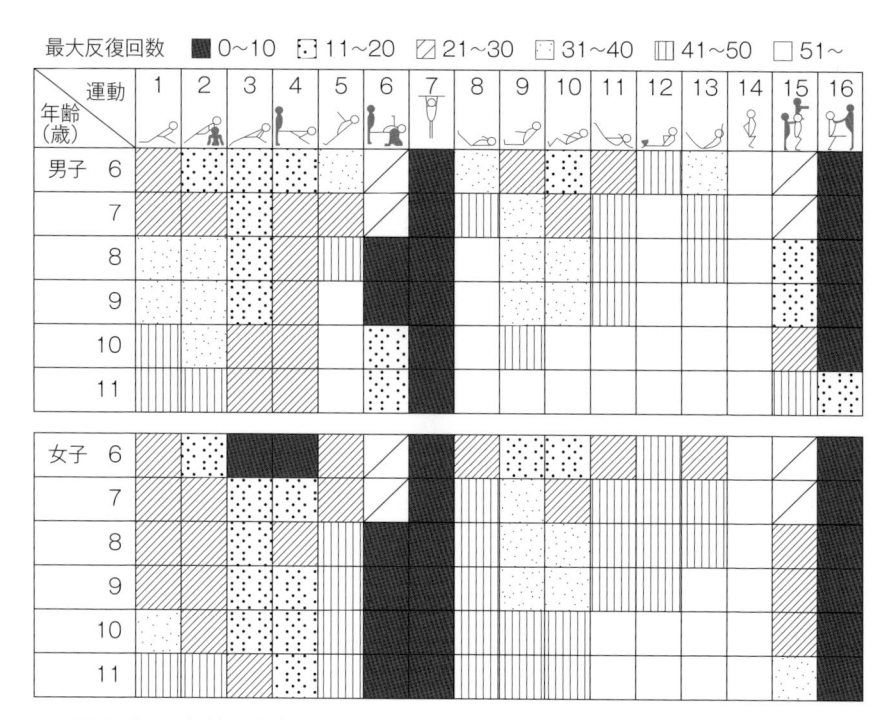

図2-25 各種運動（No.1～16）における小学生（6～11歳）の最大反復回数
(金子，1978b)

あるから，そこには上記のような個人差（年齢性差を含む）があることに注意しなければならないが，平均値をもとに述べれば，1RMが10回以下で筋力トレーニング効果が得られそうな負荷は，鉄棒屈腕運動（No.7）と片脚膝屈伸（No.16）であり，逆に50回以上を超える運動（筋持久力のトレーニングに好適）は脚屈伸（No.14）を代表として8歳以上における上体起こしや上体反らし（No.8～13）である．この結果はまた，姿勢を若干変えることによって反復回数が変化することも示している．

「力強い運動を高める運動」とは，力強く行う運動をすることによって高められる．その他のトレーニング効果にしても同様で，柔軟性を高めるには柔軟性を要する運動を反復すればよい（特異性の原則）．要は，目的とする動きと同じ運動を積極的に動かすことによってその能力を高めることができる．

8. 子どもの長期トレーニングとその効果

1) 実験研究への慎重論

　現代っ子の体力をめぐる問題が声高に論じられて久しい．その問題とは，要するに運動不足に起因する体力低下の問題であって，大人も含めた社会的な問題である．運動不足が原因なら，その対策は運動量を増やすしか方法はないが，具体的な対策となると「体育科教育」的な問題になる．自然な子どもの欲求を重視する教師は，大人がある種の体力トレーニングの運動を処方し，それを一方的に与えることに疑問を抱くであろう．対象が年少者であればなおさらである．遊び心を無視してむやみに運動を与えれば，子どもを「運動嫌い」にしてしまう恐れがあるからである．果たして，運動を一方的に与えると，子どもはどんな反応を示すだろうか．

　兵庫県の某小学校から内地留学してきた大塚晃教諭が，あえて上記の問題に挑戦する実験的トレーニングを行った．毎週3回の体育の授業とその前の休み時間を利用し，なるべく予定の授業に食い込むのを避けた．運動処方は，個人別に処方されたペースでのランニングが5分，垂直跳を10回（ジャンプ棒を立ててマークに挑戦），鉄棒での懸垂屈腕10回（できなくても挑戦），教室内での10秒間タッピングである．いわば「薬効」をテストするかのようなトレーニング実験のため，大塚教諭は全人教育論者からの強い反発にあったという．しかし，トレーニングは小学校5年生（大塚教諭が担任）を対象に，同学年の他の1クラスがコントロール群となって「テストだけを受ける」約束で実施された．その期間はおよそ9カ月間におよび，テスト期間などの準備期間を含めると1年を要した．図2-26はその貴重な結果である（金子と大塚，1979）．上段が男子，下段が女子で，トレーニングを行った群（T）が黒丸，テストだけに協力したコントロール群（C）が白丸である．

2) 体力向上と予期せぬ副産物

　トレーニング群の体力向上は，コントロール群を見事に引き離し，全般的な向上の度合いは，トレーニング群の懸垂屈腕が50％，垂直跳が10％，5

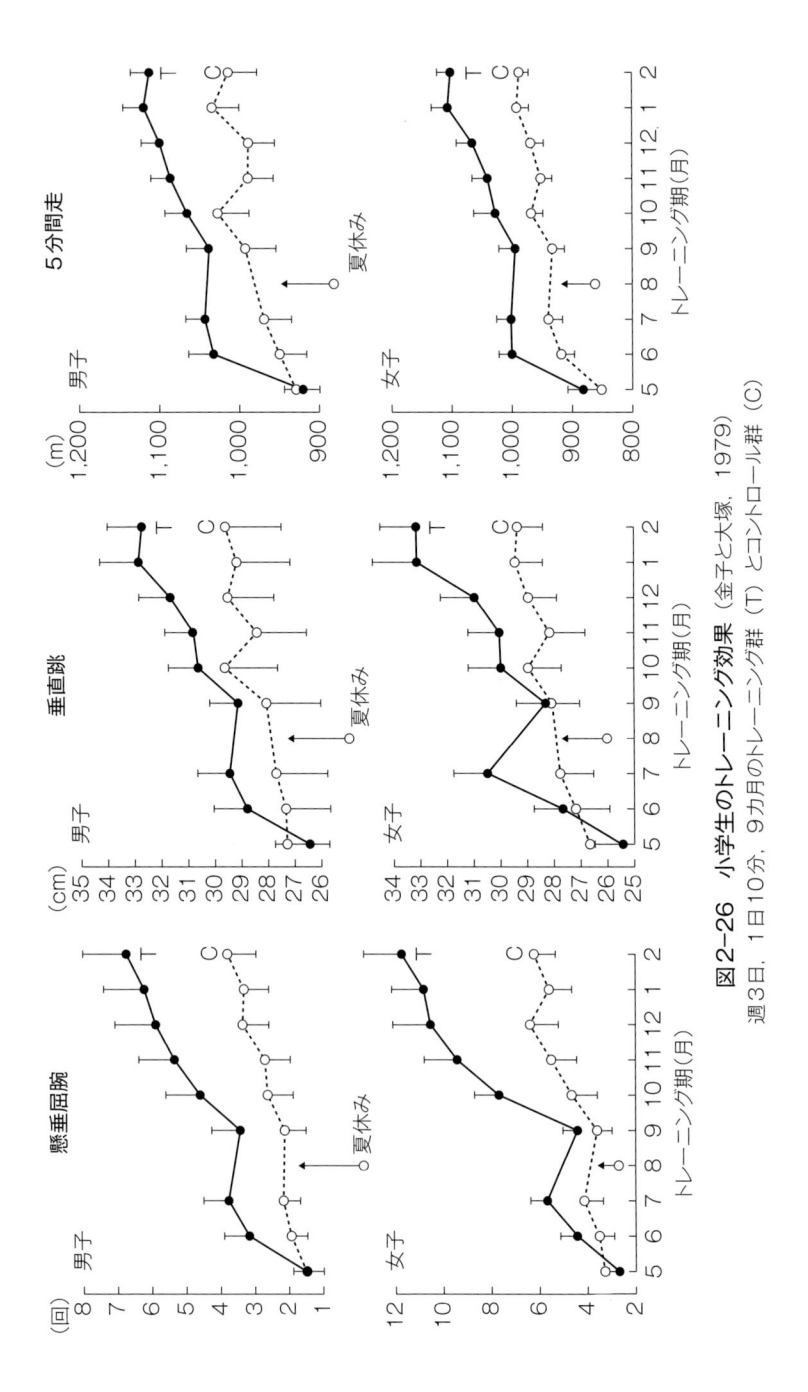

II章 物づくりとテスト法の開発

図2-26 小学生のトレーニング効果（金子と大塚，1979）
週3日，1日10分，9カ月のトレーニング群（T）とコントロール群（C）

分間走が12％（タッピングは15％），それぞれコントロール群より顕著な増加を示した．また年度内に3回行った形態計測では，身長の伸びには関係ないが，トレーニング群では胸囲と体重の増加が大きい傾向にあった．テスト風景をみた著者は，コントロール群の先生が「トレーニング群のクラスに負けるな！」と大声でテスト中に声援を送っている姿が印象的だった．

　確かに体力の向上には目を見張るものがあったが，問題は「体育嫌いの子どもが増えたのではないか」という心配である．実験を推進した大塚教諭は，所轄の教育委員会への報告書の中で「子どもたちは興味をもって意欲的にトレーニングに臨み，努力することの大切さと運動することの喜びを知ってくれたし，さらに体力の向上を通して自信と活発さを増したように思われたことは，予期せぬ収穫であった」と述べている．また個人的には，「（トレーニングをした）私のクラスで教鞭をとった教諭が口々に，このクラスの子どもたちは姿勢が最後まで崩れず，全体的に活気に満ちている，と言ってくれて嬉しかった」とも述べていた．このトレーニングはあくまでも実験であって，目的は体力への影響だが，その他の影響については「心配のみ多かりき」であった．しかし過保護にしたまま「角を矯めて牛を殺す」のではなく，「案ずるより産むが易し」とばかり思い切って実践してよかった．「子どもは大人が思う以上に逞しい」ことを子どもたちから教えられた実験であった．

余談コラム 11 「肩こり」は日本人に特有のものか？

　ある人類学系の本を見ていたら，「肩こりは日本人独特の病気」とあった．しかしよく読んでみると，欧米人にもまったくないわけではなく「少ない」のだそうである．その理由は多分「欧米人は筋肉が発達し，猫背が少ないからではないか」という．言われてみれば著者が長期滞在したアメリカとイタリアでは「肩こり」を聞かなかったが，2カ月滞在しフィンランドの教授はしばしば顔をゆがめて「low back pain」だと言ったが，手で指し示す患部がどうみても腰ではなく，肩甲骨の下部（背中の中心）あたりである．肩こりの患部なら肩か頸のあたりを指し示すはずだし，腰痛（low back pain）なら胴か腰を指すであろう．「肩こり」といっても多様な痛みをもたらすのかも知れない．

　先の「本」には「欧米に肩こり対応の言葉がない」と言ったが，辞書に当たってみると「肩こり：stiff neck，stiff shoulder」とあり，五十肩もその中に含まれている．しかし加藤と三浦（2004）によれば，肩こりが続いて腱や滑液包なども巻き込んだ五十肩になったものは，欧米人でfrozen shoulder（凍った肩）と言われるという．

　著者も肩こり症に悩む一人の日本人の例に漏れないが，それは自分が「なで肩」だからではないかと思っている．特別な根拠はないが，日本人の3人に2人が肩こりで，うち女性が男性の2倍以上（佐藤，2005）ということからの推量である．女性は歌舞伎の女形に代表されるように，「なで肩」の美しさを見せている．著者もその一族ではないかと思う．いずれにしろ肩こりには，骨格・筋腱・結合組織などが総合的に関係している．

　「肩こり」が「人間特有のもの」とする説には異論がないようである．人類は直立二足歩行をするようになって，体重の約10％の重さの頭を頸椎と筋肉や腱で支え，両肩には体重の約13％の重さの腕をぶら下げ，不安定な状態で動き回っている．人間の肩こりはそれらの報いかも知れない．もっとも「ならば四足動物には肩こりはないかのか？」どうか，それを直接聞いた人は誰もいない．

9．3分間の持久性テスト「SST」のすすめ

1）シャトル・スタミナテスト（SST）の誕生

　かれこれ25年ほど前の古い話になるが，大手デパートに就職した卒業生のF君から，デパート最上階を舞台に「体力づくりフェアを行いたい．ついては協力して欲しい」との依頼があり，会場を下見して，会場予定の半分をパネル展示とし，残りの半分で（小規模の）体力テストをすることにした．時はあたかもエアロビクス全盛の頃であったため，パネル展示のネタには事欠かなかったが，問題は体力テストである．もとより本格的な体力テストをするスペースはない．小規模とはいえ出口に相談員を置くと実質的なスペースがきわめて限られる．テスト項目は握力と背筋力，垂直跳，反復横跳まではよいとして，もっとも重要なエアロビクスの能力を調べなければパネルとの整合性がとれない．当時の文部省スポーツテストでは，Cooper（1968）のエアロビクスに該当するテスト項目が「踏台昇降テスト」であった．素直にそれを採用すれば広いスペースも不要で時間もかからず「一件落着」となるところであった．

　しかし，踏み台昇降テストには，当時，妥当性の点で疑問の声が上がっていた．その疑問とは，全身持久力の代表値とされる最大酸素摂取量との間に有意な相関がないこと，1,500m走や5分間走などの持久走テストとも有意な相関がないこと，また一般には発育とともに向上するはずのテスト成績が踏み台昇降テスト得点だけは低下すること，などである．

　そこで苦肉の策で生み出した即席のテストが，「10m区間を3分間往復する持久走テスト」で，これが後の「シャトル・スタミナテスト（SST）」である．踏み台昇降テストのような心拍数反応を介さず，持久的な運動の「パフォーマンス」を評価指標としたほうが無難である，との考え方からであった．それが図らずも大変よいテストであることがわかり，検証結果を公表した（金子ら，1986，図2-27）．それから四半世紀を経た今日，全国から多数のリクエストが寄せられる持久性テストとなり，（後述するように）高齢者用の「歩行テスト」もできた．「窮鼠猫を噛む」思いから生まれた「瓢箪から駒」とは

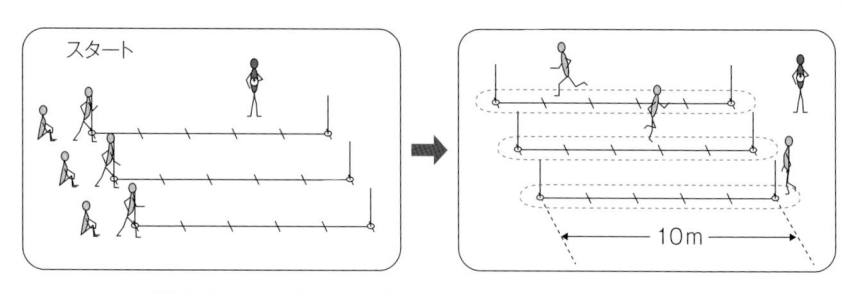

図2-27　シャトル・スタミナテストの方法(金子ら, 1986)

10m区間をマイペースで何回往復できるか.
成績評価(m)=10m×片道回数+最後の端数
10m区間に2mごとに線を引いておき,「止め」の合図で止まったところまでの片道回数に目測した停止点までの距離を加える.

このことであろうか.

2)文部科学省20mシャトルランとの違い

　われわれがシャトル・スタミナテストを発表してから約15年後,文部科学省は「スポーツテスト」を改定した「新体力テスト」(文部省,2000)を発表し,その中の持久力テストとして「20mシャトルラン」を採用した.このテストはカナダ生まれの持久性テストで,トレッドミルの走速度漸増法をフィールドテストに応用したものである.被験者はテープレコーダのブザー音でスタートし,次のブザー音までに20m区間を走り,折り返して次のブザー音までに元の地点まで戻る.この往復走の1分ごとにブザー音の間隔が短くなり,徐々に速い速度で走ることが要求される.何人かが一斉にスタートすると,持久力の優れた人がオールアウトになるまで(時には10分以上も)待ち,しかる後に次の組のテストがスタートする.したがって全体のテストがいつ終わるのかがわからない.

　シャトル・スタミナテストは,通称「3分間シャトル・スタミナテスト=SST」とも言うように,1回のテストが3分で済むので,各組が予想時間によって次々とテストを完了する.したがって,全体のテストに要する時間も見当がつく.3分間シャトル・スタミナテストではシャトルの区間も文部科

9．3分間の持久性テスト「SST」のすすめ

```
           最大酸素摂取量
            ($\dot{V}O_2$max)
     /                        \
男性: r=0.568**            男性: r=0.425*
女性: r=0.700**            女性: r=0.886***
    /                          \
3分間シャトル  ──男性: r=0.785***──  20mシャトル
  (SST)      女性: r=0.708***   (文部科学省テスト)
```

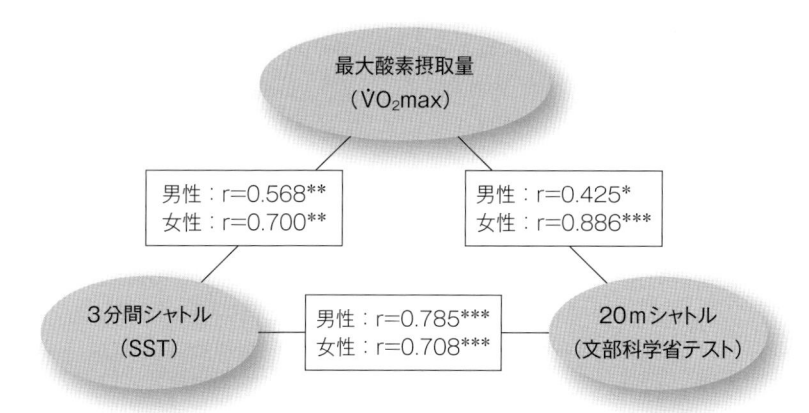

図2-28 成人男女における3分間シャトル・スタミナテスト（SST）と 20mシャトルランの最大酸素摂取量に対する相関と，両テスト間 の相関(中尾ら（2000）より作図)

学省テストの半分の10m，走る速さも規定なしのマイペース，3分間に何m走れたかを測るのである．そして走行距離は「片道回数×10m＋最後の端数（m）」とするだけである．体育館が小さくても可能であり，横に長い体育館なら一度に多くの人数をテストすることが可能である．また，「最初からペースを上げ過ぎず，途中で知らされる時間を聴いてペースを調節し，何回往復できるか頑張ってください」と示唆するだけである．速度がマイペースなので安全性も高いと考えられる．テスト終了後の筋肉痛を調べると，5分間走や踏み台昇降テストより少ないのに驚いた（金子ら，1986）．

3）3分間シャトル・スタミナテストの妥当性は十分

フィールドテストでは一般に「簡便性」が求められるが，それ以上に重要な要件が「妥当性」である．いかに簡便でも妥当性が保証されていないテストでは意味がない．有酸素性能力を知るうえでもっとも信頼されている生理学的指標が最大酸素摂取量（$\dot{V}O_2$max）である．したがって，最大酸素摂取量との相関が高いテストほど優れた有酸素性テストだと言える．そこで3分間シャトル・スタミナテスト（SST）と文部科学省の20mシャトルランのどちらが最大酸素摂取量との間で高い相関を示すかを調べた結果が図2-

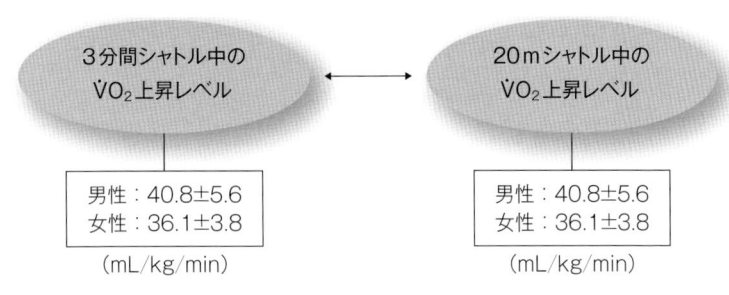

II章　物づくりとテスト法の開発

```
┌─────────────────┐       ┌─────────────────┐
│ 3分間シャトル中の │ ←───→ │ 20mシャトル中の  │
│ V̇O₂上昇レベル    │       │ V̇O₂上昇レベル    │
└─────────────────┘       └─────────────────┘
   男性：40.8±5.6            男性：40.8±5.6
   女性：36.1±3.8            女性：36.1±3.8
     (mL/kg/min)              (mL/kg/min)
```

図2-29　3分間シャトル・スタミナテスト（SST）と20mシャトルラン中の酸素摂取レベルの比較(中尾ら（2000）より作図)

28である．最大酸素摂取量との相関は，3分間シャトル・スタミナテストと20mシャトルランのいずれが高いとも言い難い．テスト運動中の$\dot{V}O_2$の上昇レベルからみても，いずれが高いレベルに達するとも言い難い（中尾ら，2000，図2-29）．つまり，「3分間シャトル・スタミナテスト（SST）が20mシャトルランに負けずとも劣らぬ優れた有酸素性テストである」ということは確かである．一般に有酸素性テストには「5分間以上の時間が必要（有酸素性反応が最高に高まるのに5分を要する）」とされてきてきたが，3分間でも有酸素性能力が推し量れることが可能であることが明らかで，文部省スポーツテストの踏み台昇降テストが「3分間」で行われていたのも理解できる．要望に応えているうちにデータも蓄積し，評価表も随時改定してきた（金子ら，2005）．また海外へも紹介してきた（Kanekoら，1993；KimuraとKaneko，1997）．

4）高齢者にはシャトル・スタミナ・ウォークテスト（SSTw）

高齢者には「走るテストに無理がある」と考えた木村みさか教授（京都府立医科大学）は，「走る」を「歩く」に替え，シャトル・スタミナ・ウオークテスト（SSTw）を考案した．10m区間を3分間という規則は3分間シャトル・スタミナテストと同じである．持久力だけでなく，体力のどのような要素でも，加齢とともに多かれ少なかれ退行する．当然，20～30歳の成人の「物差し」で65歳を超えた高齢者の体力を測ることには無理がある．「3分間歩

くのでは有酸素性能力を評価できない」と考えるのは，壮年の物差しを高齢者に押し付けることを意味する．

「3分間歩く」シャトル・スタミナ・ウォークテストは高齢者（64〜80歳）において最大酸素摂取量との間に有意な相関があることがわかった（木村ら，1998）．このシャトル・スタミナ・ウォークテスト（SSTw）の考案によって，子どもから高齢者までの広い年齢層に適用できることがわかり，現在ではテストの説明にBGM（背景音楽）も加わったCDもでき，多くの関係者の要請に応えている（問い合わせ先：NPO法人みんなのスポーツ協会）．

おわりに

　本書を書き終えて思ったのは，本書が「私小説的研究談義」であるということである．小説には私小説という立派なジャンルがあり，このたび芥川賞に輝いた西村賢太氏の「苦役列車」も，作者が「私小説」だとテレビで語っていた．研究の世界は客観性が重視される分野であるが，真に客観的なものとは何か．ニュートンの法則のような，普遍性の高いものであろうか．かつて「バイオメカニクス50年の回顧と展望」を書いたときのこと．辞退しながらも「著者が書かざるを得ないのかな」というところまで追い込まれた．このとき己に対し，「歴史といっても所詮はその人の目を通してみた歴史にすぎないではないか」と開き直り，体調が最悪の中で「絶筆を覚悟」で重い筆を執ったのであった．

　今回の心境は逆で，「研究の成果」という客観的な事柄を扱うものでありながら，あたかも私小説でも書くような親しみを覚えた．研究報告でも，たとえば公表が義務づけられた博士論文などは，まさに自分の作品をまとめた「私小説的作品」の典型である．学位論文に手を加えて出した「瞬発的パワーからみた人体筋のダイナミクス」（杏林書院，1974），そしてその周辺を膨らませて普及版とした「パワーアップの科学」（朝倉書店，1988）は，著者の半世紀にわたる研究が軸になったものであるが，その上に先般「スポーツ・エネルギー学序説」（杏林書院，2011）を書いた．これらのエネルギーやパワーにこだわった拙著は，いずれも著者にとってのいわば「たて糸」である．

　それにひきかえ本書は，「こんな分野があってもよいのではないか」という提案と，教え子たちに「こんな楽しい世界があるんだよ」と呼びかけたい気持ちから「発想スポーツ科学への招待」とした．「発想…」とした発想が，森政弘先生の「発想工学」にならったものであることは冒頭で述べたが，執筆が終わりに近づいたころにフッと類似した書物を思い出した．小林寛道著「ランニングパフォーマンスを高めるスポーツ動作の創造」（杏林書院，

図　たて糸とよこ糸

2001）である．小林氏と著者は同じ猪飼道夫研究室の門下生で，いわば同僚である．「同じ釜の飯を食べる」と同じような発想でスポーツ科学を志す好例かもしれない．小林氏の書はランニングに焦点が絞られているが，それにひかえ本書はいわば「雑貨屋」という違いはあるが，「創造を楽しむ」という点が共通している．

　さて，昨年出版した「スポーツ・エネルギー学序説」が著者にとっての「たて糸」なら，本書はまさに「よこ糸」であり，好奇心のおもむくままに食した「道草」である．欲深い性格と，やりたいことをする不良根性のなせる業（わざ）であろうか．しかし，バイオメカニクスを専門領域と考えてきた著者にとっては，この「よこ糸」があってはじめて，自分なりに一枚の布を織ることができたように思えてならない．勝手気ままに食べた道草を，「なかなか珍味だね」といって頂けるような，そんな味覚の人が一人でも多く存在することを願ってやまない．

引用文献

阿江通良，湯　海鵬，横井孝志（1990）日本成人の身体部分係数の実用化．日本体育学会第41回大会号，p374．

Berne RM and Levy MN 著，坂東武彦，小川省三監訳（2003）基本生理学．西村書店．

Cooper KH（1968）Aerobics. Evans & Co.

Farricker P（1996）The myth of swing weight. Australian Golf Digest, Dec.: 100-104.

淵本隆文，山下信行，金子公宥（1987）力・速度・パワーからみた屈筋と伸筋の特性．大阪体育大学紀要，18：131-139．

淵本隆文，金子公宥（1989）棒高跳におけるバネ作用とパフォーマンス．日本体育学会40回大会号，p393．

淵本隆文，伊藤　章，金子公宥（1990）棒高跳のバイオメカニクス的分析：競技会における一流選手の試技について．日本バイオメカニクス学会編，ジャンプ研究．pp25-30，メディカルプレス．

淵本隆文，長谷川　淳，金子公宥（1998）高齢者の歩行能力に関する体力的・動作学的研究（第1報）：自由歩行における足運びについて．体育科学，27：109-118．

淵本隆文，加藤浩人，金子公宥（1999）高齢者の歩行能力に関する体力的・動作学的研究（第2報）：膝伸展，足底屈，足背屈の筋力と歩行能力の関係．体育科学，28：108-115．

藤沢朋子，淵本隆文，金子公宥（1998）テニスのストローク動作における関節トルク：頭上から見た水平回転運動の解析．体育学研究，42：436-445．

Fukashiro S, Itoh M, Ichinose Y, Kawakami Y and Fukunaga T（1995）Ultrasonography gives directly but invasively elastic characteristic of human tendon *in vivo*. Eur J Appl Physiol, 71: 555-557.

福永哲夫，杉山允宏（1978）絶対筋力におよぼす静的および動的筋力トレーニングの影響．体育学研究，22：343-349．

Fukunaga T, Kawakami Y, Kubo K and Kanehisa H（2002）Muscle and tendon interaction during human movement. Exerc Sport Sci Rev, 30: 106-110.

引用文献

Furusawa K, Hill AV and Parkinson JL (1927) The energy used in "sprint running". Proc R Soc Lond B, 102: 29-42, 43-50.

古澤一夫 (1936) 重筋的労働に就いて. 労働科学研究, 13: 711-721.

古澤一夫 (1970) RMR：エネルギー代謝に関する挿話. 甲子園大学紀要, 1: 30-33.

Gershler W (1962) インターバル・トレーニング. OLYMPIA, 11: 24-32.

後藤幸弘, 松下健二, 辻野 昭 (1976) 走の筋電図学的研究. 大阪市立大学保健体育学研究紀要, 11: 55-68.

長谷川淳, 淵本隆文, 木村みさか, 金子公宥 (1999) 高齢者の歩行動作：足運びに注目して. 第14回日本バイオメカニクス学会論文集, pp127-131.

Hettinger TH (1968) Isomerishes Muskeltraining. Georg Thieme Verlag.

Hettinger TH 著, 猪飼道夫, 松井秀治訳 (1970) アイソメトリックトレーニング：筋力トレーニングの理論と実際. 大修館書店.

Hill AV (1922) Maximum work and mechanical efficiency of human muscle and their most economical speed. J Physiol, 56: 19-41.

Hill AV (1927) Muscular Movement in Man: The Factors Governing Speed and Recovery from Fatigue. McGraw-Hill Book Co. Inc.

Hill AV (1938) The heat of shortening and the dynamic consyants of muscle. Proc R Soc Lond B, 126: 136-195.

洪 性贊, 浅井 武 (2010) サッカーのナックルボールにおける非定常流体力. 体育学研究, 55: 553-563.

猪飼道夫, 芝山秀太郎, 石井喜八 (1963) 疾走能力の分析：短距離走のキネシオロジー. 体育学研究, 7: 59-70.

猪飼道夫, 金子公宥 (1969) 柔道練習中の心拍数変動：テレメトリー（無線遠隔測定）による. 講道館柔道科学研究会紀要, 第3輯: 63-69.

池上久子, 島岡 清, 岡本敦, 坪田暢充 (1997) ゴルフスイングにおける腕とクラブの関係. ゴルフの科学, 12 (3): 52-62.

石河利寛 (1965) ダイナモメーターの正確度. 体育学研究, 10: 139.

伊藤 章, 余田泉樹, 金子公宥 (1977) 筋運動における負荷と反復回数間の法則性：トレーニング負荷の簡便な設置法. 大阪体育大学紀要, 9: 1-5.

加賀谷淳子 (1970) 末梢循環からみた筋持久力. 猪飼道夫編著, 身体運動の生理学. pp211-277, 杏林書院.

金子章道 (2009) 脳の総合機能. 杉晴夫編著, 人体機能生理学 第5版. pp171

引用文献

-190，南江堂．

金子公宥（1972）筋機能と運動．前川峯雄，猪飼道夫，笠井恵雄編，現代体育学研究法．pp196-215，大修館書店．

金子公宥，豊岡示朗，岩田　勝，富岡　理（1973）柔道練習中の酸素摂取量と心拍数．大阪体育大学紀要，5：23-30．

金子公宥（1974a）慣性エルゴメーターによる人体・筋パワーの研究．体育学研究，8：72-82．

金子公宥（1974b）瞬発的パワーからみた人体筋のダイナミクス．杏林書院．

金子公宥，北村潔和（1975）100 m疾走中のスピード変化に関係する要因のキネシオロジー的分析．体育の科学，25：109-115．

金子公宥，山崎　武，宍倉保雄（1976）肘の屈・伸筋力における「トレーング能」について．体育学研究，21：95-99．

金子公宥（1978a）簡易筋力計検定装置の考案．体育の科学，28：849-851．

金子公宥（1978b）中・高校生のための運動処方．学校体育，31（14）：42-47．

金子公宥，豊岡示朗（1978）Trampoline運動中の呼吸循環系反応．体育科学，6：9-16．

金子公宥，豊岡示朗，岩田　勝，富岡　理（1978）柔道練習中の酸素摂取量と心拍数．講道館柔道科学研究会紀要，V：21-30．

金子公宥，大塚　晃（1979）小学校児童（9-10歳）の体力に及ぼす長期トレーニングの効果．体育科学，7：37-43．

金子公宥，山崎　武，豊岡示朗，宍倉保雄，淵本隆文（1981）高齢者の健康・体力に関する調査研究．老人問題研究，1：61-68．

金子公宥（1982）スポーツ・バイオメカニクス入門．杏林書院．

金子公宥，淵本隆文，末井健作，田路秀樹，矢部順子，西田充（1986）簡便な屋内持久走テストの提案：シャトル・スタミナテスト（SST）の考案と検討．体育の科学，36：809-815．

Kaneko M, Sakai S and Fuchimoto T（1987）Growth and development of muscular shortening velocity in single contraction of flexors. In: Ruskin H and Simkin A, eds., Physical Fitness of the Ages of Man. pp93-105, Academic Press.

金子公宥（1988）パワーアップの科学：人体エンジンのパワーと効率．朝倉書店．

金子公宥（1990）名スプリンター飯島のロケットスタート秘話．コーチングクリニック，4（3）：72-73．

金子公宥，淵本隆文，劉　天庚，末井健作（1990）体捻転パワーテスト法の開

発とその応用（第1報）：装置の作製と体捻転トルクについて．日本体育協会スポーツ医・科学研究報告，V：41-48．

金子公宥（1991）筋力を高める運動．高等保健体育．pp77-78，大修館書店．

金子公宥，淵本隆文，劉 天庚，末井健作（1991）体捻転パワーテスト法の開発とその応用（第2報）：陸上・投てき選手の体捻転パワーの測定．日本体育協会スポーツ医・科学研究報告，VI：47-52．

Kaneko M, Morimoto Y, Kimura M, Fuchimoto K and Fuchimoto T（1991）A kinematic analysis of walking and physical fitness testing in elderly women. Can J Sport Sci, 16: 223-228.

Kaneko M and Fuchimoto T（1993）Endurance performance capacity of 7 to 18 years old boys and girls assessed by "shattle stamina test（SST）". In: Cleassens AL, Lefevre J, Bynde BV, eds., World Wide Variation in Physical Fitness. pp80-86, University of Leuven Press.

金子公宥，川端浩一（2005）ゴルフクラブのスイングウエート（バランス）に関する一考察：慣性モーメントとの相関からみた「妥当性」について．ゴルフの科学，18：1-9．

金子公宥，中尾泰史，淵本隆文，藤田英和，田路秀樹，西垣利男，末井健作（2005）シャトル・スタミナテスト（3分間シャトル）評価基準案の作成．体育の科学，55：473-478．

金子公宥（2006）スポーツ・バイオメカニクス入門 第3版．杏林書院．

金子公宥（2011）スポーツ・エネルギー学序説．杏林書院．

加藤浩人，淵本隆文，金子公宥（1998）足底屈筋，足背屈筋および膝伸筋における筋力と筋厚の加齢変化．大阪体育大学紀要，29：9-17．

加藤征治，三浦真弘（2004）おもしろ解剖学読本 改訂4版．金芳堂．

川端浩一，金子公宥（2005）木製バットと金属バットによる打球速度と打撃速度．大阪体育大学紀要，36：38-50．

川端浩一，金子公宥（2006）野球バットの「振り易さ」に関わる慣性モーメントについて．大阪体育大学紀要，37：10-16．

川端浩一，金子公宥（2011）日本と米国のプロ野球におけるボールの反発力について．大阪体育大学紀要，42：71-76．

川島一明（1997）ゴルフスイングにおける手関節運動の研究．第13回日本バイオメカニクス学会大会論集，pp335-339．

河村龍馬（1972）ゴルフ頭の体操．p34，ゴルフダイジェスト社．

引用文献

貴嶋孝太，福田厚治，伊藤　章（2008）一流短距離選手のスタートダッシュ動作に関するバイオメカニクス的研究．バイオメカニクス研究，12：84-90．

Kimura M and Kaneko M（1997）Application of an endurance walk test to elderly people. In: Cotes MF and van Heelden HJ, eds., Nutrition and Physical Activity. pp41-49, University of Zululand Press.

木村みさか，岡山寧子，田中靖人，金子公宥（1998）高齢者のための簡便な持久性評価法の提案：シャトル・スタミナ・ウオークテストの有用性について．体力科学，47：401-410．

小林寛道（2001）ランニングパフォーマンスを高めるスポーツ動作の創造．杏林書院．

Kokubu M, Ando S and Oda S（2009）The order of gaze shits affects spatial and temporal aspects of discrete bimanual pointing movements. Exp Brain Res, 198: 501-511.

奈良　勲監修，熊本水賴，畠　直輝，内山　靖編（2008）二関節筋：運動制御とリハビリテーション．pp128-133，医学書院．

Margaria R著，金子公宥訳（1978）身体運動のエネルギー．ベースボールマガジン社．

増田正美（1984）飛ばしの科学（アサヒゴルフ・ライブラリー）．pp136-144，廣済堂出版．

松本芳三，猪飼道夫，金子公宥，手塚政孝，渡辺　叡（1969a）柔道鍛錬者の注視点に関する研究．講道館柔道科学研究会紀要，第3輯：103-107．

松本芳三，猪飼道夫，手塚政孝，川村禎三，醍醐敏郎，渡辺　叡（1969b）柔道試会における主審の注視点に関する研究．講道館柔道科学研究会紀要，第3輯：109-115．

松野　煒（2010）キャッチ筋の構造と機能．比較生理生化学，27：54-61．

丸山宣武，熊本水賴，山下謙智，風井訫恭，德原康彦（1975）二関節を介して発揮される力と放電量との関係．日本体育学会26回大会号，p337．

Mayhew JL, Ball TE, Arnold MD and Bowen JC（1992）Relative muscular endurance performance as a predictor of bench press strength in college men and women. J Appl Sports Sci Res, 6: 200-206.

箕島　高編（1967）日本人人体正常数値表2版．pp45-46，技報堂．

宮辻和貴，澤山純也，川端浩一，金子公宥（2007）高齢者の自由歩行における着地足の方向と歩隔．日本生理人類学雑誌，12：165-170．

文部省（2000）新体力テスト．pp84-85，ぎょうせい．

森　政弘（1978）発想工学のすすめ：やわらかい機械．講談社．

Morton DJ（1932）The angle of gait: a study based upon examination of the feet of central African natives. J Bone Joint Surg, 14: 741-754.

村上雅俊，淵本隆文，金子公宥（2002）三次元動作解析による超一流大学野球投手のピッチングに関する事例的研究．大阪体育大学紀要，33：1-8.

Murray MP（1967）Gait as a total pattern of movement. Am J Phys Med, 46: 290-333.

中尾泰史，金子公宥，豊岡示朗，田路秀樹，西垣利男，末井健作（2000）シャトル・スタミナテストの妥当性と20mシャトルランテストとの相関：小学生と大学生のデータから．体育学研究，45：377-384．

Nemessuri M（1963）Funktionelle Sportanatomie. p305, Sportverlag.

野沢むつこ，金子公宥（2002）女子プロゴルファーによるドライバーショットの三次元動作分析：動作の時間的推移（タイミング）に注目して．ゴルフの科学，15：52-59．

小川新吉，今田幸昭，阿久津邦男，吉野貞彦，杉本良一，関　哲司（1958）柔道の基本的投技に於けるエネルギー代謝．講道館柔道科学研究会紀要，Ⅰ：67-73．

小川德雄，永坂鉄夫（2001）「反＝紋切型」医学用語『解體新書』．診断と治療社．

Robinovitch SN, Hsiao ET, Sandler R, Cortez J and Liu Q（2000）Prevention of falls and fall-related fractures through biomechanics. Exerc Sport Sci Rev, 28: 74-79.

佐藤方彦編（2005）人間を科学する事典．東京堂出版．

Scanlan JM, Ballmann KL, Mathew JL and Lantz CD（1999）Anthropometric dimensions to 1-RM bench press in untrained females. J Sports Med Phys Fitness, 39: 54-60.

Steinhaus AH（1955）Strength from Morpurgo to Muller: a half century of research. J Assoc Phys Ment Rehabil, 9: 147-150.

Steinhaus AH（1963）Toward an Understanding of Health and Physical Education. WC Brown Co.

末井健作，金子公宥（1977）種々の関節角における下肢伸筋力の測定．姫路工業大学研究報告，27B：88-95．

手塚政孝，猪飼道夫，松本芳三，金子公宥，渡部　叡（1967）柔道選手の注視

点に関する研究. 体育学研究, 11：138.

Tokuhara Y, Kazai N, Maruyama H, Kumamoto M and Yamashita N（1981）The influence of antagonistic inhibition on joint movement based on applied graded forces and integrated EMGs of two joint muscles. In: Morechi R, Fidels K, Kelzior K and Wit A, eds., Biomechanics Ⅶ-B. pp65-70, University Park Press.

東京消防庁（2010）平成22年版 火災と日常生活事故のデータからみる高齢者の実態.

田路秀樹，末井健作，淵本隆文，金子公宥（1979）筋力トレーニングのための負荷設定法に関する研究：負荷と反復回数間の法則性について. 姫路工業大学研究報告, 29B：79-83.

田路秀樹, 金子公宥（2007）力-速度関係からみた肘の屈筋と伸筋の特性比較. 日本生理人類学会誌, 12：105-110.

田路秀樹（2010）肘関節屈筋群と同伸筋群のパワー発揮能力におけるトレーニング効果. トレーニング科学, 22：231-238.

田路秀樹, 金子公宥（2012）足関節筋群の力-速度-パワー関係からみた高齢者の特徴. 体育学研究, 57：1-8.

湯 海鵬, 渋川侃二, 阿江通良, 横井孝志（1989）固定座標系に対する3次元的人体角運動量の計算法. 第9回日本バイオメカにクス学会大会論集, pp170-173.

Treacy C（1983）The importance of swing weight. Golf Monthly, 78（3）：40-42.

渡部 叡（1964）テレビ画像の注視点. テレビジョン, 18（10）：610-611.

Winter DA（1979）Biomechanics of Human Movement. pp65-74, John Wiley & sons, Inc.

山崎 武, 金子公宥（1973）四肢の屈伸筋力からみた各種運動部員の特徴. 体育学研究, 17：213-219.

山崎 昶編著（2006）法則の辞典. p414, 朝倉書店.

山下謙智編著（2012）多関節運動学入門 第2版. pp29-39, ナップ.

山岡誠一（1950）野球試合時のエネルギー代謝. 体力科学, 2：30-35.

吉福康郎（1985）バットの力学的性質から見たバッティングの科学. Jpn J Sports Sci, 4: 723-728.

和文索引

[あ]
アイアン　60
アイカメラ　62
アイソメトリック・トレーニング
　　90, 103
アキレス腱　61
握力計　76, 77, 78
足関節　9, 13, 16, 32, 90, 100
　　――屈伸筋力計　99
　　――の回転力　99
足底屈筋力　100, 101
足背屈筋力　100, 102
足向角　2, 7
アセトアルデヒド　26
アドレナリン　72
アルコール　26, 56
　　――脱水素酵素　26
アンコッキング　54

飯島秀雄　21
イタリア語　81
位置エネルギー　30, 34
移動運動　1
インターバルトレーニング　70, 71
インディアン歩行説　2

ウエイトトレーニング　103
内股歩き　3
内腿ストレス　40
腕立て伏臥腕屈伸　109
運動強度　71

運動嫌い　111

エアロビクス　115
エネルギー消費量　70, 71
エネルギー代謝率　68, 69
エピネフリン　72

[か]
回転力　73
過換気症候群　34
学術用語　98
下肢関節　9
下肢伸筋力　90
肩回転角　38, 39
肩回転速度　53, 55
肩関節　75
渦流軌道　45
眼球運動　62
慣性エルゴメータ　23, 24
慣性モーメント　46, 47, 48, 50, 57, 59, 60, 74
　　クラブの――　58
関節運動　16
関節角　8, 103
　　――－筋力関係　91
　　――変化　32
関節トルク　73, 74
緩走期　71

基礎代謝　70
キック力　23, 33
脚伸筋力　23
脚伸展パワー　24

索 引

脚パワー　23
キャッチ筋　11
急走期　71
ギリシャ神話　61
筋厚　100
筋活動　17, 33
筋持久力　107
筋電図　12, 16, 19, 27, 32, 33, 92
　　疾走中の──　12
筋パワー　23, 106, 109
筋放電の休止　17
筋力計　76
　　──検定器　77, 78, 79, 80
筋力測定　83, 100
筋力トレーニング　109
筋力発達　82

屈筋力　83, 84, 87, 100
クラウチング・スタート　24
クラブヘッドスピード　53

懸垂屈腕　111

硬式テニス　73
硬式野球ボール　41, 42
高速度カメラ　14, 28, 42, 73
高齢者　1, 5, 6, 8, 102, 118
股関節　13, 16, 18, 19, 32, 90
呼気ガス採取　21
呼吸曲線　33
呼吸のタイミング　32, 33
腰回転角　38, 39
腰回転速度　53, 55

コッキング　54
ゴニオグラム　17, 32, 33
ゴニオメータ　32, 95
　　エレクトロ──　16
ゴルファー　97
ゴルフクラブ　57
ゴルフスイング　51

[さ]

最大筋力　85, 92, 93, 103
　　動的──　104, 105, 106
最大酸素負債量　21
最大動的負荷　105
最大パワー　88, 89
最大反復回数　104, 105, 106, 109
　　動的──　109
サッカー　45
サミスタ　32
3次元分析　3, 73
酸素摂取量　34, 66, 68, 69, 71
　　最大──　115, 117
　　相対的──　68

持久力　118
シグナル・スイッチ　14
姿勢　6
疾走分析　12
地面反力　22, 73
シャトル・スタミナテスト　100, 115
　　3分間──　116
シャトル・スタミナ・ウォークテスト　118
重心上昇高　29, 31

130

柔道家　64
自由歩行　3
障害　6
静脈還流　36
上腕二頭筋　27, 85
女子プロゴルファー　51
助走速度　29, 30, 31
初速　44
伸筋力　83, 84, 87, 100
新体力テスト　76, 116
心電計　67
心電図　68
進入速度　43, 44
心拍数　71, 115
　柔道練習中の——　66, 68
信頼性　60
　体力測定の——　77

垂直跳　111
スイングウエイト　57, 59
スイング速度　47, 48
スクワット運動　90
ストライド　16
ストレインゲージ張力計　32
ストレッチ効果　36

生活習慣病　71
性差　4
生体力学　23
静的筋力　84, 104
全身持久力　115

相対負荷　106

外股歩き　3, 4

[た]
体幹捻転筋　97
大腿四頭筋　17, 19
大腿直筋　17, 18, 19
第2の心臓　36
体捻転角　95, 96
体捻転速度　95
体捻転トルク　94, 96
体力向上　111
体力低下　5
ダウンスイング　52
多関節運動　90
弾性エネルギー　27, 30
弾道方程式　44

力-速度関係　85, 86, 88
力-パワー関係　86, 88
乳搾り作用　36
着地シグナル　14
注視点　63, 64
跳躍動作　33
直立二足歩行　1

つま先高　7, 9

底屈筋力　101
テレメータ　66
転倒　6, 8, 9
　——予防　102

投球動作　37

動作分析　27
等尺性筋力　83, 85, 87, 95, 96, 102
等尺性収縮　19, 86, 89
等張力性収縮　85, 89
動的筋力　103, 104, 106
投てき選手　96
動的トレーニング　104
遠山の目付け　62
特異性の原則　110
ドライバー　60
トランポリン　32
トルク　74
トレーナビリティ　86, 87, 88
トレーニング効果　87, 112
トレーニングの負荷設定法　109

[な]
ナックルボール　45

二関節筋　18, 19, 20
20ｍシャトルラン　116, 118
日常身体活動量　69
二枚貝　11

ネガティブワーク　19, 20
捻転力　74

脳波計　13

[は]
バイオメカニクス　23, 98
肺換気量　34
背筋力計　76, 77, 78

背筋力テスト　76
背屈角　9
背屈筋力　101
発射角　44
バットの重さ　46
バネ作用　27
バランス　57
パワー測定　83, 102
パワーテスト　24
万能筋力計　82, 95
反発係数　41, 42, 43, 44
反発力　41, 42, 48

光ファイバ　63
膝関節　13, 16, 19, 32, 83, 90, 91
　　──角　91, 92
膝屈筋力　84
膝伸筋群　92
膝伸筋力　84
肘関節　75, 83
　　──の屈／伸比　84
肘屈筋力　83, 84
肘伸筋力　84
ピッチ　16
ピッチングマシン　43
ビデオ分析　51
皮膚抵抗　13
100ｍ疾走　17, 25
疲労感　33

フォアハンドストローク　75
フォースプレート　42, 73
フットスイッチ　14, 15

索　引

踏台昇降テスト　115
振子運動　58, 59
振子法　47, 49
フルスクワット　103
プロゴルファー　51

閉殻筋　11
ヘッドスピード　52, 53

棒高跳ポール試験機　28
ボールスピード　38
ボール速度　48
ポール反発力　29, 30
ポール湾曲度　29
ポール湾曲量　30
歩隔　2, 5, 7, 25
歩行　1
　——速度　101
　——能力　9, 101
歩調　2, 101
歩幅　2, 101
歩容　7

[ま]
マルガリアの階段テスト　16

無酸素性運動　34
無線搬送　66
ムチ作用　54, 55

メジャーリーグ　41
メタボ時代　56
メッツ　69

[や]
有酸素性テスト　118
有酸素性能力　117

吉岡隆徳　21

[ら]
立位脚筋力計　90
流体力学　57
リンクセグメントモデル　74

ルーの法則　108

老化　1
ロングヒッター　49

欧文索引

clearance hight　8
DLT法　73
energy flow　55
foot angle　2
gait　1
METs　69
RMR　68, 69, 70
running　1
Rスパイク　67, 68
SST　100, 115
SSTw　118
step frequency　2
step length　2
step width　2
walking　1

133

著者略歴

金子 公宥（かねこ　まさひろ）

1938年生まれ，静岡県出身
1961年　東京教育大学体育学部卒業
1962年　東京大学大学院教育学研究科入学
1971年　教育学博士

ケンタッキー大学（医），カリフォルニア大学（医）研究員，
ユバスキラ大学（フィンランド）客員教授，東京大学助手など歴任

1992年　国際体力研究学会（ICPFR）副会長
1997年　日本バイオメカニクス学会会長
2008年　大阪体育大学名誉教授，中国西安体育大学名誉教授，
　　　　NPO法人みんなのスポーツ協会顧問
著　書：瞬発的パワーからみた人体筋のダイナミクス（杏林書院），
　　　　パワーアップの科学（朝倉書店），
　　　　スポーツ・エネルギー学序説（杏林書院）他．

2012年9月10日　第1版第1刷発行

発想スポーツ科学への招待
定価（本体1,900円＋税）　　　　　　　　　　　　検印省略

　　　　　　著　者　金子　公宥
　　　　　　発行者　太田　博
　　　　　　発行所　株式会社　杏林書院
　　　　　　　　　　〒113-0034　東京都文京区湯島4-2-1
　　　　　　　　　　Tel　03-3811-4887（代）
　　　　　　　　　　Fax　03-3811-9148
© M. Kaneko　　　　　http://www.kyorin-shoin.co.jp

ISBN 978-4-7644-1136-4　C3047　　　三報社印刷／川島製本所
Printed in Japan
乱丁・落丁の場合はお取り替えいたします．

・本書の複製権・翻訳権・上映権・譲渡権・公衆送信権（送信可能化権を含む）
　は株式会社杏林書院が保有します．
・JCOPY ＜（社）出版者著作権管理機構　委託出版物＞
　本書の無断複写は著作権法上での例外を除き禁じられています．複写される場合
　は，そのつど事前に，（社）出版者著作権管理機構（電話 03-3513-6969, FAX
　03-3513-6979, e-mail：info@jcopy.or.jp）の許諾を得てください．